UnRead
–
探索家

///敬　告///

这本书的内容只供娱乐，并不是一个专业实用性的操作指南。书中提到的许多活动具有高危性，可能会导致严重的伤亡风险，是在任何情况下都不提倡去做的。

本书所描述内容都不应被理解为实践任何行动的建议或推荐。作者和出版商明确声明，对应用本书内容所产生的任何不利影响不承担责任。

[全彩图文]

你敢去做吗？

100
THINGS
YOU
WILL
NEVER

挑战人生极限的 100 件事情

DO

DANIEL SMITH

〔英〕丹尼尔·史密斯　著

吴奕俊　译

北京联合出版公司
Beijing United Publishing Co.,Ltd.

目 录

前言

"'不可能'这三个字只会出现在愚人的字典里。"拿破仑·波拿巴，这个从不为自己设限的人曾经这样说过。虽然他统治世界的计划没能如愿以偿，但是，他的雄心壮志却从未被摧毁。会拿起这本书的读者，肯定不难理解这位身材不高的将军所想表达的精神——永不言败、挑战自我、充满激情、拥抱没有极限的生活。所以，请翻开这本书，鼓起勇气，戴上命运的礼帽，准备好迎接未知的挑战！

在本书接下来的内容里，作者将会列举出 100 种大街上普通的男男女女们不太有机会去尝试的"不可能之事"——他们甚至根本不想去尝试这些事。其实，如果抛开固有的思维定式，有很多挑战比你想象的要容易得多。这 100 件事里，有些与探索科学边界有关，有些则会吸引那些寻求刺激、挑战个人极限以及渴望获得全新体验的人。

但在翻开以下内容之前，这里有一个警

告——本书中有几篇是纯粹的娱乐性阅读，不应该被视为人们能够在现实世界中所进行的一种挑战。某些挑战可以说是完全不计后果，所以心智正常的人无论如何都不会去尝试。例如，虽然俄罗斯轮盘赌可能会在《猎鹿人》电影中产生戏剧性的场景，但在现实生活中，这是一个亡命之徒才会玩的游戏。

毫无疑问，本书也不建议你去窃取《蒙娜丽莎》，也希望你永远不会需要"逃离恶魔岛"。同样，只有傻瓜才会在任何他们自以为相对安全的地方与鳄鱼格斗。

然而，出现在这本书里的 100 条词目想要告诉读者，在这个世界上，几乎没有什么是完全不可能的。

无论是推翻科学和自然的基本规律，还是超越我们生理上的极限，即使是那些我们认为不可能的事在某些情况下也能被重新定位为"非常切实可行"。

在这些挑战中，大部分都不是可以在早

晨心血来潮时开始，随后在日落时分就能完成的。每个人都需要全身心地投入——这需要一种坚定不移的专注力。除此之外，你还需要下定决心去学习一些复杂的技能，一些你可能从来都不知道自己能够掌握的技能。

正如作家兼哲学家乔治·桑塔亚那曾经说过的那样："困难的事可以立即去做，而不可能的事则要花更长一点儿的时间。"

和其他的教学指南不同，受篇幅所限，这本书并不会将所有你需要知道的知识都教给你，从而帮助你完成每一项挑战。如果你打算接受任意一项挑战，那么你应该向专家寻求建议和指导，而不是将这本书奉为"圣经"。你务必意识到，任何挑战都可能出现风险，你需要确保自己能够遵守规则。你可能还需要仔细检查一下自己的人寿保险费是否已经交上。

那些觉得自己缺乏必要的活力和勇气去接受挑战的人应该记住海伦·凯勒的话："乐观是通往成功的信念，没有希望与自信，我们将一事无成。"

　　几乎没有人能与凯勒的成就相匹敌——她生于 1880 年，在还不到两岁的时候，就患上了一种疾病（可能是脑膜炎或猩红热），结果她失明失聪，失去了与世界沟通的可能性。

　　然而，多亏了她的同伴兼老师安妮·莎莉文的不懈努力，凯勒不仅学会了如何沟通，而且成为那个时代最引人注目的杰出人物之一。1904 年，她从马萨诸塞州剑桥市拉德克利夫学院毕业，成为第一个获得文学学士学位的聋盲人。作为一名无所畏惧的社会活动家，她从未停止为那些残疾人、工人、和平主义者、妇女政权论者以及计划生育运动发声。

　　她一生中还出版了 12 本书，并且与著名的作家、实业家甚至是总统都有很好的交情。所以，如果要用一句话来形容海伦·凯勒的一生，那只能是："生活要么是一场大冒险，要么什么都不是。"

　　如果你希望来一场惊心动魄的自我挑战之旅，如果你已经为此做好了准备，那就不要犹豫，赶紧翻开下一页吧！

01 在世界杯决赛中进球

这是什么? 在你所能想象的最盛大的舞台上射门进球。为什么你不会做? 这场盛会四年一次，自 1990 年以来，每场比赛平均进球 1.5 个，得到这个机会的人少之又少。

如今，足球已是一项全球性的赛事，还有什么比在世界杯决赛中射门得分更为光荣的呢? 如果你在全球最大的足球赛事中进了球，那就再也不必花钱买饮料了。所以，束紧你金色球靴的鞋带，准备缔造不朽的传奇吧!

首先，你要变得足够优秀，这样你们的国家队教练才会注意到你。另外，虽然并非所有的世界杯得分球员都踢前锋，但通常情况下，这个位置最有机会得分。

其次，你必须身体健康，速度快，体格健壮。多练习传说中的"停球脚法"，这样可以使你立刻把球控住。掌握好头球，左脚右脚都能射门，并确保你可以主罚点球。人们发现，有些伟大的球员，乃至整支球队都在点球这个环节有所欠缺——例如，意大利的罗伯特·巴乔，当时世界上最好的球员之一，曾在 1994 年世界杯决赛中罚失点球。总之，不要畏首畏尾，因为从来没有哪个伟大的前锋是这样的人。

如果你的水平已经达到了国际标准，下一步你应该考虑些什么呢? 你的国籍。如果护照上显示你是汤加王国（Tonga）或法罗群岛（Faroe Islands）的球员，那还是和世界杯之梦吻别吧。32 支国家队从最初的 200 多支队伍中脱颖而出，最终获得世界杯的参赛资格。而想要进入世界杯决赛，就必须过关斩将。首先是小组赛阶段，这一阶段将有 16 支球队出线进入淘汰赛。淘汰赛阶段实行单场淘汰赛制，包含第二轮淘汰、1/4 决赛、半决赛和总决赛。自 1934 年第一次世界杯决赛以来，只有 12 个国家打入过决赛，除此之外的其他国家打入最后一轮是极为少见的。

一旦打入决赛，一定要保持镇定。届时不仅场上有成千上万的球迷，而且场外还有超过 7 亿的电视观众。这种机会不多，所以一定要充分利用你所拥有的一切，要知道能在世界杯决赛中进几个球是多么美好的一件事!

最后，别忘了为那个荣耀的时刻准备一个合适的庆祝动作——如今，进球庆祝中的舞蹈动作比迪斯科舞会上的还要多。另外，记得穿上你最漂亮的内裤——据巴西传奇球员雅伊尔津霍回忆，1970 年世界杯结束时，热情的粉丝把他的衣服脱到只剩下了内衣裤!

02 在哈利法塔定点跳伞

这是什么? 一次在世界最高建筑顶端验证牛顿自由落体理论的机会。

为什么你不会做? 你将径直冲向地面,但却只能将生命寄托在薄薄的帆布装备上。

定点跳伞指的是身背降落伞从一个固定点向下跳——实际上,这就是跳伞运动的"简化版"。定点跳伞的官方名称是"Base Jumping",其中的"Base"一词代表着各种各样的固定物体,可以指建筑物、天线、桥梁甚至悬崖。那么,如果在全世界最高的建筑物上定点跳伞,会是一种怎样的感觉呢?

如你所料,定点跳伞在很多地方是非法活动。在很多人眼里,它愚蠢而危险。早期最著名的定点跳伞尝试者是弗朗茨·艾香德,一个在奥地利出生的法国裁缝。1912 年,他为了测试新发明的"飞行服"而从埃菲尔铁塔顶部一跃而下。艾香德有着十分高远的目标——他希望自己发明的"飞行服"能够在飞行员因意外而被迫从飞机上跳下时挽救他们的生命。当时,官方已经允许他进行该项测试,但前提是只能使用假人。然而,艾香德对于自己的发明表现出了极其强烈的信心,坚持要亲自测试该装置。但在这次测试中,降落伞未能及时展开,艾香德因此坠地身亡,结局十分惨烈。

在接下来的半个世纪里,艾香德惨痛的教训似乎阻挡了后人追随的脚步。但到了 20 世纪 70 年代末,降落伞技术的发展突飞猛进,"定点跳伞"这一想法作为现代"极限运动"复活。到目前为止,从建筑物上定点跳伞的最高纪录由奥马尔·艾尔·海格兰和纳赛尔·艾尔·奈亚迪保持。2010 年,他们从迪拜的哈利法塔上跳下——这幢摩天大楼是世界上最高的人造建筑物,高 828 米。为了挑战极限,他们甚至在降落伞打开前表演了惊人的十秒自由落体。最终他们活了下来,但你也别因此掉以轻心。根据数据统计,该运动的死亡率高达 1.67%。

如果你真的想体验一次这种极端的快感,那就必须先在经验丰富的定点跳伞员的指导下进行专业训练,同时,你还需要积累普通跳伞经验。平均来说,定点跳伞爱好者在进行第一次尝试前大约要完成 100 个"常规"跳伞。这一阶段,你的教练就是你值得信赖的导师,他会告诉你什么时候可以进入下一阶段。

做好准备后,你就可以购买一张前往迪

你敢去做吗

想要在哈利法塔跳伞，你需要征求业主的同意——2010 年的跳伞可是得到了迪拜当局的准许。得到许可后，尽快确认好跳伞的位置，并小心注意周围的一切障碍物。

跳伞当天，要检查你的降落伞（通常情况下是特别定制的，售价 1200 ~ 1500 美元）是否打包正确。定点跳伞爱好者对冲压空气式降落伞情有独钟，因为矩形的设计使得跳伞者能更好地控制速度和方向。由于时间紧迫，一些跳伞者选择手动打开他们的副伞（能拉开主伞的引导伞），而不是用开伞索。你也应该确保有足够的时间打开滑动器，慢慢打开降落伞——否则，你将不得不解决烦琐的伞线，甚至还有可能发生剧烈的颠簸。

你要检查的还有备用降落伞——这样在发生意外时，你才不会手忙脚乱。对于低于 600 米的跳伞，备用伞毫无意义，因为当主伞打开失败时，你已经离地面非常近了。较低高度的跳伞员倾向于采用稍微大一些的引导伞，这不仅能确保主伞更快地打开，而且在较短的跳跃产生的较低速度上更为有效。

最后确认一遍地面上没有任何障碍物，然后放手跳吧。一定要在你和建筑物侧面之间留下一些距离——撞上塔的侧墙可能会与撞击地面一样致命。在大约距离地面 600 米处打开副伞，然后控制方向准备安全到达着陆点。在下降的过程中，别忘了避让门窗清洁工——清洁该塔的所有窗户需要 36 个工人在长达四个月的时间里无休止地工作。

别往下看 迪拜的哈利法塔于 2010 年竣工，正式成为世界第一高楼，其首席建筑师是芝加哥 SOM 建筑设计事务所的阿德里安·史密斯。这座高 828 米、共 163 层的大楼耗资 15 亿美元。然而，在经历了全球金融危机之后，该项工程也不得不向阿布扎比寻求资金援助。

拜的机票（如果你确信自己能活着回来，那就买往返票）。对了，请务必确认你已经购买了最新的人寿保险（如果他们同意为这种事承保）。

03 品尝美味河豚

这是什么？ 至尊美味，然而需要多年经验才能安全烹饪。**为什么你还不去做？** 我们聊的可是"好吃到死"的食物，你真的想让这句话成真吗？

吃腻了豆子和吐司吗？准备好体验全新的美食冒险了吗？你需要做的就只是尝一下河豚。这种有毒的小海怪生活在世界各地的热带海域，但如果吃之前不谨慎处理，它可能会给你带来漫长而痛苦的死亡。

河豚属于四齿鲀科，也叫河鲀，日文名字字面翻译为"江猪"。听到这样一个名字，你大概能猜到它的外表并不太好看，但其实河豚的美学价值是最不必在意的问题了。你真正需要担心的是它体内高含量的河豚毒素——足以令 30 个成年人命丧黄泉。知道这个信息后，或许你应该考虑一下是否真的有必要尝尝河豚，烟熏鲑鱼或多佛比目鱼也是不错的选择，同样可以让你大饱口福。

如果你依旧敢于尝试，那么最好是在河豚的"精神故乡"日本享用它。两千多年来，河豚在这里一直被奉为佳肴。此外，它在韩国也很受欢迎，但在欧盟售卖是违法的。在美国，大约有 17 家餐馆拥有允许供应河豚的许可证，其中 12 家分布在纽约。

河豚可以有多种不同的做法。在经典菜式生鱼片中，它被切成非常薄的切片，呈半透明状。此外，它还可以油炸，做成沙拉或者炖食。河豚的鳍也可以烤食，同时有些厨师称河豚的卵才是美味之最。但不要尝试自己烹饪河豚，因为它必须由受过培训的职业厨师进行特殊处理后才能食用。做鱼心切的业余厨师很有可能命丧自己之手，因为河豚体内的毒素不受烹饪温度的影响，有毒的部位必须直接切除。

在日本，从 1958 年起，厨师若想售卖或烹饪河豚必须有许可证。为了拿到许可证，他们必须在完成三年的学徒生涯后通过一系列严格的考试。其中包括笔试、鱼类识别考试和现场烹饪考试，最后是品尝。厨师必须能够识别并清除河豚的内脏、眼睛以及其他有毒部位。令人担忧的是，这一系列考试的通过率只有 35%。所幸在其余 65% 的考生中，大部分似乎都败在了笔试或烹饪阶段，而不是最后的品尝阶段。

如果你怀疑自己中了毒，那千万要注意一些早期症状，比如嘴唇和舌头刺痛。此外，你还有可能感到头痛、恶心、疲惫、头晕、呼吸急促等。河豚毒素会攻击神经系统，甚至会导

你敢去做吗

致瘫痪。然而，它并不直接影响大脑，因此那些中毒者可能会遭受痛苦的肢体瘫痪，但仍然保持清醒的意识，只是无法沟通。最坏的情况下，中毒者可能会窒息而死。

到目前为止，没有已知的解毒剂可以解河豚毒素，但可以对中毒者进行治疗，包括洗胃，试着用活性炭吸附毒素，并为他们配备生命维持设备，直到毒素消散。

截至 2006 年，日本在对毒素长达十年的研究中，记录的河豚中毒案例平均每年为 20 ~ 44 起，其中大约 7% 的中毒者最终不幸死亡。虎河豚是所有河豚中最贵也最具毒性的鱼种，体内有一个剧毒的肝脏。据说，1975 年，日本最受喜爱的演员之一坂东三津五郎（八代目）就因食用过量的河豚肝脏而中

河豚 河豚可能并非最诱人的餐桌美味，但绝对是价格最昂贵的。世界上大约有 120 种河豚，它们几乎只生活在热带海洋，并且通常在靠近岸边的水域活动。一个训练有素的厨师会为这道河豚菜式做小心翼翼的准备。

毒身亡。到了 1984 年，哪怕是在日本，供应河豚肝脏也成了非法行为。

那些不确定是否准备好冒着生命危险尝试河豚晚餐的人，也不要绝望。有些学者认为，河豚毒素是由河豚的消化系统产生的，因此他们正试图通过小心调节河豚的食物摄取，人工培养一种无毒（但同样美味）的河豚。

04 自由潜水

这是什么? 不用呼吸辅助工具探索幽蓝深海。
为什么你还不去做? 你的身体将不得不承受巨大压力,甚至可能葬身大海。

自由潜水是指不携带呼吸装备,完全依靠潜水者的屏气能力潜水,它在作为一项现代竞技运动时被称为竞争性憋气。自古以来,一直有潜水者为寻找食物、贝壳、海绵和珍珠而潜入水底。如今,世界上最好的自由潜水员可在水下屏住呼吸长达9分钟。

在尝试自由潜水之前,首先要进行专业的培训,这不仅会让你更加安全,也会增加你的乐趣。适度的训练能让一名新手潜水员屏住呼吸长达45秒——足以潜入水下10米,欣赏到浮潜玩家无法见到的水下世界奇观。你会发现,在地面上你也可以做很多训练,比如,先深吸一口气,然后看看能走多远。通过反复练习,不久你就会发现,在保证安全的情况下你的屏气能力有所提高。我们还推荐你通过练习瑜伽来提高控制呼吸的能力。

潜水之前,要确保你的健康状况良好,还要保证你身体暖和,心情放松。如果你身上有伤口,或者患了重感冒等呼吸系统疾病,那就一定不能下水。潜水时不要直接入水,而要先在水面上漂浮一会儿,使身体放松,同时让心率慢下来。准备好之后,深吸一口气,然后屏住呼吸,纵身进入水中,同时保持双腿垂直。

为推动自己下水,你要尽量使用简短、可控的划水动作来踢动双腿。出于本能反应,你可能会做出猛烈的动作,尤其是当你惊慌失措时,但这只会额外消耗能量和气息。相比之下,缓慢而从容的动作能省下许多力气。

通过捏住鼻子并用鼻孔鼓气的方法来平衡你耳朵内的压力。这样可以防止你的耳膜由于周围水压升高而破裂。自由潜水最大的风险来自一种被称为"潜水黑视症"的症状(由血液中二氧化碳的含量下降造成),它会在毫无征兆的情况下让潜水者陷入昏迷的状态——这可能造成悲剧性的后果。这就是为什么你应该和同伴一起潜水!此外,你还有必要买一个配备了安全计时器的安全背心,一旦你遇到问题,它会膨胀并漂浮起来,将你带至水面。当你准备上升时,要缓慢并平稳地上浮,从而尽可能长时间地弥补肺部呼吸不足的问题。

05 骑骆驼大赛

这是什么? 在起点和终点之间驾驭"沙漠之舟",跑赢对手。

为什么你还不去做? 这绝对会是一个让你极度头疼的挑战。

骆驼短跑时速度可达到每小时 64 千米,哪怕路途遥远,也能保持每小时 40 千米的速度。骑骆驼比赛在印度、巴基斯坦、蒙古国、澳大利亚以及中东大部分地区都深受欢迎,现已发展成为一项热门运动。如果你不介意骑在驼背上稍微有些颠簸,这可能会是最适合你的运动。

有些骆驼比赛能够使获胜者变得非常富有,其场面之盛大也可与你看到的任何一场赛马赛事相媲美。确实,据说阿拉伯联合酋长国前总统谢赫·扎耶德就是一位赛骆驼爱好者:他有一个私人骆驼厩,里面养着 14000 头骆驼,还专门雇用了 9000 名饲养员。扎耶德能够如此挥霍也不足为怪,毕竟他坐拥那么多的石油财富。要知道,在 2010 年,一头赛绩出众的母骆驼的价格是 245 万美元。

澳大利亚的大型骆驼比赛一般在 7 月或 8 月举行,而整个中东地区的赛季则是从 10 月末持续到次年 4 月初。赛程从 2 千米到 10 千米不等,赛场上的骆驼少时只有 6 头,多时能达到 75 头。显然,一场有几十头喜怒无常的骆驼参加的比赛根本容不下胆小鬼或意志薄弱的人。和赛马一样,骆驼比赛的一般原则是骑师的体重越轻越好。然而,很多人指责这项职业运动存在侵犯人权的现象,因为很多骑师未能达到法律规定的年龄。据了解,为了尽可能减轻骆驼的负重,有些孩子年仅 6 岁就开始参加比赛了。不过,随着世人惊愕于参赛年龄如此之低,这些规则如今已经变得更加严格——通常要求骑师年龄至少为 15 岁,体重在 45 千克以上。

或许是针对这种情况,近年来一些骆驼经营者试图换掉真人骑师,用装在骆驼鞍上的机器人取而代之——你如果想参赛,大可不必浪费时间寻找这样的骆驼,因为它们的主人只关心能否远程控制骑师。

赛驼两岁或三岁时进入参赛黄金期。大多数赛驼为母骆驼,因为它们的性情比公骆驼稍微温顺一些,但它们也可能喜怒无常,难以捉摸。没准它们会朝你吐口水或者踢你一脚,极端情况下还可能大咬你一口。因此,要尊重你的骆驼,对待它要时刻保持冷静、自信。一旦你慌了,那么它也会和你一起惊慌,这才是真

你敢去做吗

机器人大战 机器人体重较轻，更容易管理，并且不可能自己做决定。一些顶尖的赛驼业主纷纷投资机器人来代替真人骑师。最重要的是，这样一来，如果骆驼获胜，它的主人就不必与骑师分享自己的奖金了。

的麻烦。

站立的骆驼可谓巨兽，骑师只有等它们卧下时才能骑上去。骆驼鞍上可能会有一个架子或者一块凸起，你先蹬上去一条腿，然后另一条腿慢慢跨过驼峰。双膝夹紧驼鞍，不要松开——骆驼起立时，它的身体先向前倾，然后再向后倾，这都是你最容易摔下来的时候。因此，尽量使自己的身体朝着骆驼倾斜的反方向倾斜，以获得尽可能多的稳定性。

幸运的是，你不必担心会遇到任何器械方面的故障。这些长距离赛的开始信号是一条绳状障碍物被抬起。请尽量保持放松。这不仅会让骆驼保持镇静，还有助于你的动作灵活性，只有这样，当你的骆驼像火箭一样起跑时，你才能坐稳坐直。和赛马一样，你有一根鞭子用来鞭策坐骑。你还需要一副护目镜来保护眼睛，但当骆驼飞奔起来时，你仍有可能难以透过驼蹄扬起沙漠地面上的漫天尘土看清前面的路。

最后，切忌违反体育道德。随着比赛提供的奖励越来越大，参加大型比赛的动物都要例行接受药检。此外，还有传闻说有人使用能发出电击的"鞭子"来刺激骆驼跑得更快。

如果你想参加这项赛事，那请抓紧缰绳，祝你好运！

06 南极探险

这是什么? 重走历史上最传奇探险家的路线。

为什么你还不去做? 虽然现代科技让你的生存概率大幅提高，但这依然是个超越极限的挑战。

抵达南极的愿望夺去了许多无畏探险家的生命，直到 1911 年，一支由罗尔德·阿蒙森率领的探险队在那里插上了挪威国旗。征服受极端天气影响的地球最南端，这可不是一个能轻易完成的挑战，但如果计划周密，它将会成为你一辈子难忘的旅程。

在阿蒙森和运气不佳的罗伯特·法尔肯·斯科特的远征之后，又过了 45 年，人类才再次回到南极。直到今天，南极仍然是地球上最难以抵达、环境最恶劣的地区之一。尽管如此，还是有相当数量的冒险家完成了这段旅程，所以，如果事先做好"功课"，想要完成这个挑战，也不是不可能。现在有几家公司提供有导游陪同的旅行，收取的费用可能较高，但你花的钱不仅一定程度上买到了他们丰富的经验，还给自己买了份安心。

要去南极，首先确保你的身体能够支撑你完成这次旅行——你将在极端严寒的天气中拉着沉重的雪橇跋涉很长的路途。因此，事先一定要进行一次全面的体检。此外，你还需要选择适合这种环境的着装，要穿至少三层衣服：

· 里层是保暖内衣和汗衫；
· 中间层包括羽绒衣、保暖裤和夹克衫；
· 外层是防水防风夹克和裤子。

冻伤将会是一种持续的威胁，因此，你要戴一顶雷锋帽或其他防寒帽，一副轻便的内层手套，一副防水的外层手套，再加一副脚趾保暖套，一副腿套和一副手臂套。质量好的太阳镜有助于预防雪盲，而钢制鞋头的防水靴子有良好的抓地力和脚踝支撑性，在南极的环境中是必不可少的。

你需要根据导游的建议储备一些必要的高能量食物。在如此恶劣的环境下，你的身体会极度需要定期补充"燃料"。据估计，一个人拉着雪橇一天要消耗 6500 卡路里的能量，即便用狗拉雪橇，你仍可能消耗 5000 卡路里。

一条经典线路可能会持续 60 天或者更长时间，探险者们首先要在智利进行一次会面，做为期一天的行前检查。然后，你们将从那里飞至冰川联盟大本营，这是一段持续四个半小时的行程。在飞往龙尼冰架西南边缘的海格拉斯湾（Hercules Inlet）之前，你们将在大本营里度过几天，做些日常练习，并确保每个人

和每件事都已准备就绪。至此，艰难之旅便开始了。

拉着负载的雪橇，你有大约 1170 千米的路程要走。在这段旅途中，你将从海平面爬升至海拔 3300 米以上的地方，面对的是零下40℃的低温以及各种各样的复杂地形。

在滑着雪橇行进最后几千米时，你会看见美国阿蒙森·斯科特南极站（US Amundsen-Scott South Pole Station），这是一个值得你在抵达之后去认真参观的研究中心（在这之前，你先得稍事休息）。事实上，如果你想停留更长时间，你可以考虑在站内申请一份工作，尽管这里的空缺职位竞争激烈。

行程结束之时，你可以在标志性的南极点（Ceremonial South Pole）附近拍几张照片，它旁边有一座小型纪念碑以及各式各样的旗帜。不过，你应该意识到地理上的南极点就位于再

探索未知 左边的图是一张气象照片，拍摄于 1911—1912 年罗伯特·斯科特那次运气不佳的南极探险途中。虽然无所畏惧的现代探险者能够召集经验丰富的领队，带上所有的高新科技装备，但南极之旅仍然是一个艰巨的挑战。

往前一小段距离的地方——这两个地方一定都要参观，因为短时间内你很可能不会再来第二次。

如果你认为自己足够勇敢，那么可以考虑沿着埃尔夫·福斯和莱茵霍尔德·梅斯纳尔的滑雪路线独自完成这趟旅行。1989 年，福斯和梅斯纳尔成为第一批在没有牲畜或机器的帮助下到达南极点并横穿南极洲的人。此外，从南极洲海岸到达南极点的最快旅行是由挪威人克里斯蒂安·艾德于 2011 年历时 24 多天完成的。

07 成为奥运冠军

这是什么? 成为世界上最伟大运动员的光荣证明。
为什么你还不去做? 因为金牌数量太少了。

皮埃尔·德·顾拜旦于 1896 年创办了第一届现代奥运会,从那时起,赢得奥运金牌一直是世界各地男女运动员的梦想。要想加入这个"高档俱乐部",你需要有基因和生理上的优越条件、一个能够发现和发挥天赋的培养环境、坚定而强大的决心以及一点儿好运气。

抱歉的是,你需要的第一件东西——良好的基因——就是你自身无法控制的。毫无疑问,就取得伟大的体育成就而言,我们一些人在生理方面注定不及另一些人。此外,来自一个富裕的国家同样有利于你参加奥运会。2008 年奥运会上,奖牌数最多的几个国家依次为中国、美国、俄罗斯、英国、德国和澳大利亚——它们全都是世界上的主要经济体,拥有足够多的资源去培养它们的运动健儿。

但是,即便你来自一个不太富裕的国家,也不要放弃希望。很多国家逆势而上,扭转了这种趋势。多年来,古巴一直是拳击台上的强国,肯尼亚和埃塞俄比亚也已占据长跑领奖台几十年。如果将国内生产总值考虑在内,调整过的奖牌榜往往看起来非常不同——天赋的重要性将凸显出来。

假如你确实很有天赋,那就要尽早找到最适合自己的运动——虽然也有一些例外(比如英国女运动员丽贝卡·罗梅罗在 2004 年和 2008 年两届奥运会上分别获得了赛艇和场地自行车赛两个项目的奖牌),但大部分冠军都不会很晚才开始接触一项运动。2012 年伦敦奥运会包含约 300 个比赛项目,涵盖 26 种运动,几乎每个人都能够找到自己的"专长"。

从学龄期开始,你就要给自己设定一个明确且切实可行的目标,并保持对实现目标的巨大渴望。你要找到有助于自己提高水平的教练,以及能够激励自身进步的竞争对手(哪怕你经常输给他们)。请务必学会应对这些挫折,因为将来还会遇到很多。你肯定会经历受伤、意料之外的失败以及经济和人际关系方面的压力,此时如何处理这些挫折就变得十分关键。当然,能够享受朋友和家人的支持本身就是一种莫大的幸福。

了解你所选择的运动项目的历史。想想你

"金牌"青年 牙买加飞人博尔特可谓有史以来最伟大的短跑运动员。他以压倒性的优势夺取了 2008 年与 2012 年奥运会多个短跑项目冠军，为自己在奥运会杰出运动员的殿堂中争取到了一席之地。

可以从过去的优秀运动员身上学到什么，并从中不断努力提高自己。如果你的比赛技巧已经足够高超，那就锻炼你的耐力或者提高你的心理素质。最伟大的选手不仅注重力量方面的训练，还会想方设法克服自己的任何弱点。

为了达到奥运标准，你每天需要训练 3～9 个小时，这取决于你的运动项目。根据大多数优秀运动员的经验，你完全可以通过训练成为一个身体素质超强的运动员，但你的心理素质也必须同等强大。在顶级体育赛事中，成功与失败之间的差别可能只有几分之一秒或者几毫米——心态决定一切。或许你可以考虑雇用一位运动心理学家，在他们的帮助下，你能够提高专注力，保持自律，应对压力，并学会在何时该放松下来。

成为一名运动员，代价非常大。除去设备费用和日常生活开支，你还要面对高昂的路费以及支付教练、理疗师、营养师和心理医师的开销。除非争取到商业赞助，否则你只能求助于你所在国家的奥林匹克资助机构，这样一来，你在追求荣耀的路上就不得不保持谦卑的姿态。

当然，你还需要达到奥运会参赛资格标准。例如，在田径项目中，你必须达到由国际田径联合会（IAAF）设定的 A 级或 B 级标准。每个国家至多可派出三位达到 A 级标准的运动员参赛，另外还可派出一位达到 B 级标准的选手。各国规定的达标时限有所不同，但通常为比赛开始前的一年到 18 个月内。

所有这些都需要超乎常人的付出。1996 年，在连续四届奥运会上都获得金牌后，奥运赛艇运动员史蒂夫·雷德格雷夫宣布："如果有谁看见我再靠近赛艇，我允许他开枪打我。"然而，四年后在悉尼，38 岁的雷德格雷夫赢得了他的第五枚金牌。这就是你必须追求的那种精神——奉献、激情，甚至近乎疯狂。

要相信自己能够成为冠军——既然那枚金牌总要挂在某人脖子上，那么，这个人为什么不能是你呢？

你敢去做吗

08 环游世界

这是什么? 重走麦哲伦的路线。

为什么你还不去做? 有足够的时间和金钱的最优秀航海家才有机会成功。

环球航行一直是航行者的终极挑战。自从斐迪南·麦哲伦(Ferdinand Magellan)在 16 世纪证明环球航行能够实现之后,人们纷纷紧随其后。如今,环球航行仍然是一个艰巨的挑战,但如果你采取了正确的方法,它也不是不可以完成的。

你要在一开始就想清楚环游世界的目的是什么。你是想尽快完成整个航行,甚至打破纪录,还是想去一个更为悠闲的地方,领略途中的一些奇妙风景,并获得一些不凡的经历?你的决定会影响你出行的时间、选择的船只、带什么物资、掌握哪些技巧以及挑选哪些人作为船员,等等。

一般来说(如果你是在参加航行比赛,规则会有所不同),在一次完整的环球航行中,你应该穿越每一条经线,航行的里程至少要等于地球的周长(约 40076 千米),并经过一对对跖点(即地球上直接相对的两个点)。航行比赛的路线通常会经过南美洲和南非险要的边边角角,哪怕是最优秀的水手也会感到棘手。因此,我们假设你更乐于选择一条相对比较悠闲的路线——沿着巴拿马运河和苏伊士运河这条捷径,避开那些危险的角落。

在考虑来这么一场航行之前,你应该首先是一名经验丰富的水手,而且最好有至少两年的经验。准备阶段要收集尽可能多的专家意见,阅读相关书籍,参加船舶展览会,并与那些已经完成环球航行并且活了下来的人交谈,请他们讲述自己的故事。

要详尽无遗地规划你的路线。研究季风、洋流、平均气温以及其他气候条件。此外要考虑的因素还包括费用、适于维修和补充供给的中途停靠点以及任何你想参观的旅游景点!避开任何可能使你卷入危险的地点,比如,索马里海岸长期以来一直深受海盗的困扰,因此一定要绕道而行。此外,你要确保护照是最新的,拿到了任何需要签证的国家的签证,同时还要对海洋法有一个全面的了解。

要谨慎选择你的船只。木船看似浪漫,但它可能会比由金属或玻璃纤维制成的船更容易出问题,投保费用也更加高昂。对于两个人来说,一般约 1.2 米的船是最理想的——足够大,可提供舒适的环境;也足够小,若其中一个人行动不便,另一人也能够独自驾驶航行。

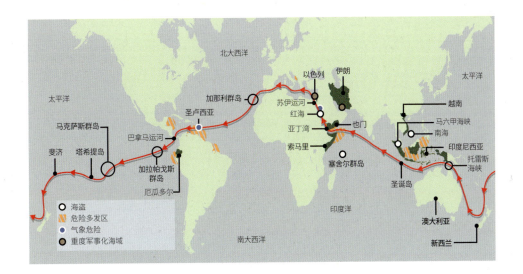

要了解所有你能了解到的船只工作方式，以便日后能够进行日常维修。确保船上装有全球定位系统(GPS)、通信系统、自动驾驶装置、电池充电器以及水净化装置。虽然有很多技术协助你导航，但请你学会阅读航海图，学会通过星星的位置判断你所在的位置。这些都是古老但永不过时的技能，某些情况下能救你的命。

给自己至少一年的时间来完成这次航行。这意味着在出发之前你需要有良好的财务基础。除此之外，记得办理旅行和医疗的综合保险，并将你的旅行计划分享给你的朋友或家人——在紧急情况下它们将是非常有用的。

航行期间，你必须保持专注，不要在甲板

艰险的路线，还是旅行路线？ 环游世界的小船（前页图所示）会经过惊涛骇浪的合恩角和好望角，或者，选择沿着巴拿马运河和苏伊士运河的这条捷径（上图所示）。就算这样，也有许多无法避免的危险需要你去处理。

上闲逛！每天都要例行检查，确保船只处于良好的状态，并且所有船载系统皆运行正常。一旦出现问题，要尽快将船驶入码头并进行维修。最后，带上一些好书或好电影，以打发海上漫长日夜中的无聊时光。

哦，对了，离开之前不要忘了关掉家里的煤气，并取消牛奶的预订！

09 撒哈拉沙漠马拉松

这是什么? 耐力类比赛中的"王者"。

为什么你还不去做? 因为绝大部分人的体力无法支撑跑完全部赛程。

如果你觉得简单的马拉松很无聊,如果你想在一个完全不同的平台上挑战自己,那就不要再犹豫,参加撒哈拉沙漠马拉松赛吧——这是一场为期六天的超级马拉松,线路横穿摩洛哥南部的撒哈拉沙漠。正如一句俗话所说:"是个傻瓜都能跑超级马拉松,而跑撒哈拉沙漠马拉松却需要一个超级傻瓜。"

首届撒哈拉沙漠马拉松赛于 1986 年举行,赛程为 251 千米,几乎相当于普通马拉松的六倍。然而各赛段的长度并不相等,其中最短的 21 千米,最长的 88.5 千米。难怪它被视为世界上最难跑步比赛,据记载,有两名参赛者死于比赛中。

这是一场需要长时间准备的比赛。理想的情况下,你应该提前 18 个月开始拟定训练日程。如果你只是在准备阶段绕着当地公园慢跑过几次,那就不要指望比赛时能够轻松应付身体和精神上的需求了。赛时气温通常在 40℃左右,因此我们强烈建议你参加一些高温天气下的训练。此外,准备一顶户外防护帽和一瓶好的防晒霜也十分有必要。参赛总费用(含报名费)预计在 5000 美元左右。

赛前就要做好决定,你是想单纯地跑完赛程,还是想争取机会在比赛中一马当先? 2011 年的冠军在 21 个小时之内就取得了胜利,速度相当于每 3.5 个小时跑完一场普通马拉松。要经常与获胜者交流并学习他们的经验,除此之外,你没有更好的办法来了解未来比赛的情况。

除了强健身体和提高速度之外,你还要着重锻炼你的双脚——它们需要保持健康、灵活、有柔韧性。极端高温会导致双脚肿胀,因此,穿上原本就稍大一些的运动鞋跑步不失为一个好主意。水疱是导致有些运动员不得不退出比赛的主要原因,不过主办方在比赛现场安排了一个专门的团队来治疗脚的问题。除此之外,每个检查点都设有一个医疗小组,随时准备检查你的身体状况。如果你的大腿深受"跑步者皮疹"的困扰,那就买条紧身短裤吧,不要考虑使用抗摩擦润滑剂,因为它们容易沾上沙子,最后只会让你的大腿内侧变得像层砂纸。那该多疼啊!

记得把装备收拾妥当。装备的重量必须在 6.4 千克到 15 千克之间,其中包括食物,但

不包括水。在开跑前，裁判员会对你的装备例行检查。你的装备应该包括：抗毒泵（摩洛哥有 12 种毒蛇、10 种蝎子）、指南针、消毒剂、遇险信号弹、刀、打火机、信号镜、信号棒、盐片、睡袋、备用安全别针、救生毯、手电筒（带电池）以及哨子。你需要进食高能量食品——普通男运动员每天需要超过 5000 卡路里的能量来支撑。除了食物，你还必须保证体内的水分充足。你需要带着一些水上路，途中也会有很多饮用水供应点。但记住，在沙漠中跑马拉松，你需要两倍甚至四倍于跑标准城市马拉松所需的水分。坚持沿着途中设有补给站的路线行进还有另外一个原因——1994 年，一名意大利选手在一场沙尘暴中迷了路，此后失踪了 9 天，最终被找到时体重下降了 14 千克。此外，还要提防陡峭的沙丘和岩石。它们在这种环境中很难被发现，多年以来已使诸多运动员铩羽而归。

请好好享受与竞争对手之间的友谊。每一天结束时，你都会与 7 个同伴一起睡在敞开的帐篷下。尽管满是疼痛，浑身汗臭，但大家都如此优秀，你们之间将建立不凡的友谊。

最后，跑完艰辛的赛程之后，请务必腾出一两天的时间好好休息！

不同寻常的体验 这是
选手们用来过夜的帐
篷。在沙漠里跋涉了一
天之后，晚上他们就待
在这里。对于那些精力
旺盛的选手来说，即使
正在经历极限考验，他
们也能与竞争对手建立
起深厚情谊。

10 与猎豹赛跑

这是什么？ 与世界上跑得最快的哺乳动物进行速度比赛。
为什么你还不去做？ 毫无疑问，四条腿跑得比两条腿快。

猎豹分布于非洲和中东地区，算得上是最优雅的大型猫科动物了。即使是尤塞恩·博尔特，想要在与猎豹进行的短跑比赛中获胜，机会也相当渺茫。猎豹是陆地上奔跑速度最快的哺乳动物，在大多数比赛中只会让你望尘莫及。那么，你要做些什么才能和它来一场公平对决？

一只成年猎豹的体重在 36 千克到 64 千克，身长为 115 至 135 厘米，体形结实而优雅。猎豹有一条长长的尾巴，在快速奔跑时能够提供难以置信的转向能力；还有一对伸缩自如的爪子，行动时作用像赛车轮胎。猎豹的最高速度可以达到每小时 121 千米，并且能在起跑后三秒钟内加速至每小时 97 千米，比法拉利 458 Italia 还要快。相比之下，一名顶级短跑选手的速度只能达到每小时 40 千米。

假设你的跑步速度比较快，那么以下关键的两点可以使你跑得更快：第一，你需要加快你的节奏，即每秒钟跨出的步数；第二，你需要最大限度地提高每次双脚触地所产生的速度。

与其他训练一样，开跑前你需要一个彻底的热身。请花些时间来锻炼你的核心稳定肌群（腹部、髋部、骨盆和臀部），因为在调整跑势时，这些肌肉起到十分关键的作用。

学会用轻松的姿势奔跑。这意味着你的身体只专注于冲刺时要用到的肌肉，而不必把能量浪费在其他部位。面部扭曲的痛苦表情和紧张的肩膀并不能使你跑得更快。

跑步时要把头抬高，就像头顶上方有个人正在操控木偶般地将你拉向天空。冲刺时，你应该保持头部不动，下巴略微下收，身体略微前倾，并始终保持平衡。同时，别忘了把你的胳膊摆起来，这样你的肘部才能稍稍领先于你的躯干平面，你的膝盖也能恰到好处地抬起。

当你的脚着地时，要把注意力集中在脚踝的背屈——也就是说，你的脚趾要向上翘起并指向胫骨，这样一来你的小腿肌肉才能得到拉伸，脚与地面之间的接触才有可能产生最大冲击力。脚后跟离地后要尽量抬高到几乎碰到你的臀部，而不是向后伸展。

如果这些方法都不能令你更追近猎豹，那你也无须气馁——在体育比赛中输给一个不同

你敢去做吗

的物种没什么可丢脸的。2007 年，南非橄榄球明星、飞人布莱恩·哈巴纳就与猎豹进行了一场"人兽大战"，结果被猎豹远远甩在了身后。

如果你真的想与不同的物种进行一场比赛，请选择参加你相对有优势的比赛。2002年，汤姆·约翰逊在阿联酋的沙漠上与一匹马进行了一场赛程为 80 千米的赛跑，最终以 10 秒的优势取胜。这次胜利很大程度上是因为那匹马中途必须停下来吃吃喝喝，以至于耽误了一个小时。

美国奥运传奇人物杰西·欧文斯因在 1936 年柏林奥运会上获得多项冠军而为人所知，后半生却因为靠着与马和狗赛跑谋生而备受争议。（他曾发表评论说："人们都说堂堂一个奥运冠军和马赛跑很丢脸，但是……你总不能把四枚金牌当饭吃吧。"）不管怎么说，他经常在比赛中获胜，哪怕有些人认为，他之所以能取得这么大的成功，是因为他的对手都

四条腿比两条腿跑得快 2007 年，南非为让世界关注濒危物种的生存困境举办了一次活动。作为该活动的一部分，南非橄榄球联盟边锋、橄榄球世界杯赛史上最强得分手飞人布莱恩·哈巴纳与猎豹来了场赛跑。

摄影：巴克罗夫特媒体（Barcroft Media）

是些容易激动的纯种动物，它们一听到发令枪响就会惊慌失措。不过，敢耍花招试图让猎豹焦躁不安的人肯定勇气十足，毕竟焦躁的大型猫科动物带来的麻烦会比你想象的要多得多。

最后，你如果真的十分着急、在意，还可以跳上汽车，搭乘火车或者给自己订张机票——猎豹可做不到这些。虽然看起来只是一个小小的胜利，但这也许是你唯一的机会了。

11 成为吃热狗大赛冠军

这是什么？ 关于野心和胃口哪个更大的科学测试。

为什么你还不去做？ 可能你并没有这么大胃口。

在所有向世界证明自己的方式中，在一场比赛中争分夺秒地吞下数量惊人的热狗无疑是最为怪异的方式。不过，快食比赛如今可谓炙手可热。每年7月4日，纽约的康尼岛（Coney Island）都会举办一场著名的、由内森热狗店主办的吃热狗大赛（获胜者将获得1万美元的奖金）。

康尼岛的比赛吸引了超过150万名电视观众，来自美国各地以及日本的参赛者齐聚一堂，在这场快食比赛中展开了一场关于荣誉与财富的激烈角逐。这项"运动"由国际竞吃联盟（IFOCE）进行最高层面的管理，其任务在于扩大比赛的知名度以及设定安全标准。

到目前为止，这场于每年7月4日举行的比赛最高战绩是：选手在12分钟内吃掉了68个热狗（包括香肠和面包）！比赛时间通常限制在8、10、12或15分钟内，以免给选手造成过重的身体负担，同时较短的时间也有助于维持观众的注意力。这是一场男女都能参加的比赛，并且事实上近年来的前十名最快"吃手"（有时被美称为"大胃王"）中就有两名是女性。这些年来，人们已经给这场比赛制定了一套十分完备的规则。首先，所有参赛选手的年龄必须在18岁以上。其次，他们还可以把食物泡在水里或者其他饮料中软化，吃

相就跟金花鼠一样（"吃手"在比赛结束前拼命往嘴里塞东西）。要想获胜，选手必须保持动作的高度协调——抓、泡、吃同时进行。选手若在比赛期间或在赛后一段时间内呕吐都会被取消成绩。

最厉害的"吃手"会通过训练来扩大他们的胃。然而，这并非一件轻而易举的小事，因为人为地扩大胃部可能会对其造成永久性的损伤。国际竞吃联盟不主张"吃手"自己在家训练，他们坚持认为，任何此类训练都应在咨询过医生之后在一个可控的环境中进行，并且身边要有医师监督。

显然，使劲往嘴里塞食物的结果只能是体重增加。因此，"吃手"们应该经常锻炼，以保持苗条的身材。还有些人通过咀嚼口香糖来增加下巴的灵活性。有位在比赛中领先的"吃手"甚至表示，他的下巴已经因为训练而患上了关节炎！

你敢去做吗

12 来瓶 1787 年的拉菲古堡

这是什么? 世界上最贵的葡萄酒。

为什么你还不去做? 市面上还在流通的"陈年葡萄酒"已经所剩无几。

1985 年,一瓶 1787 年的拉菲古堡(Chateau Lafite)由伦敦佳士得(Christie's)拍卖行以 16 万美元的高价售出。这瓶拉菲古堡也因此成为史上最昂贵的标准瓶装葡萄酒。如果你以知道由西拉葡萄酿制的长相思葡萄酒(Sauvignon Blanc)为荣,那么你肯定也渴望拥有这么一瓶"高贵"的葡萄酒,虽然你可能并不舍得喝掉它。

这瓶创纪录的葡萄酒最初由《福布斯》杂志帝国的继承人克里斯托弗·福布斯买下。作为一名葡萄酒收藏家,他对这瓶酒的酒瓶十分着迷,因为上面刻着三个字母"Th.J"。据说,这三个字母代表着这瓶酒来自美国第三任总统、开国元勋托马斯·杰斐逊(Thomas Jefferson)。

提到世界上最优质的葡萄酒生产地,大部分人的第一印象肯定是位于法国梅多克地区的拉菲酒庄。拉菲古堡成名于 18 世纪初,当时酒庄的主人是尼古拉·亚历山大·西格尔侯爵,他凭借自己高超的酿酒技术和精明的营销天赋将其酿制的葡萄酒引入了法国宫廷。自 19 世纪起,酒庄开始由强大的罗斯柴尔德家族所有,如今也经常被称为拉菲·罗斯柴尔德酒庄。

当然,即便是最大的酒庄也难免有起有落,但这瓶产自 1787 年夏季的佳酿却赢得了人们的普遍认可,历经几个时代,美名犹存。然而波尔多葡萄酒只有 50 年的"寿命"(适饮期)。因此,时至今日,这瓶曾一度辉煌的 1787 年拉菲古堡可能,或者几乎肯定,尝起来就像醋一样"美味"。但想要证实这一猜测,你需要先得到福布斯收藏馆(Forbes Collection)的品尝许可——显然,他们不太可能会同意。

虽然 1787 年的拉菲古堡已经很少在市场上流通,但其他年份的优质葡萄酒还可以在互联网上以较低的价格买到。正所谓"钱烧口袋漏,一有就不留"。如果你有超过 12 万美元的闲钱无处花,何不来瓶优雅的葡萄酒,就着炸鱼和薯条犒劳一下自己呢?

你敢去做吗

13 一级方程式赛车（F1）夺冠

这是什么？ 世界上最好车手的绝佳证明。

为什么你还不去做？ 只有豁出性命追求速度的人才适合这项运动。

一级方程式赛车（正式名称为国际汽车联合会世界一级方程式锦标赛，简称 F1）是全球顶级汽车赛事。同时，这还是一个价值数十亿美元的产业，每次至多只能有 24 名 F1 车手参赛。F1 车队每个赛季要花费两亿美元来比赛。既然如此，如何才能成为一名最优秀的 F1 精英呢？

一级方程式赛车是世界上工程化程度最高的汽车——只有喷气式飞机可以与之媲美。每辆赛车都有一个子弹形状的单人驾驶舱，尾部装有扰流板，可将赛车保持在赛道上。每辆赛车发动机的转速可高达 18000 转 / 分钟，这使得赛车速度能够达到 350 千米 / 小时，转弯时可以产生一个 5 倍于自身重力的离心力。毫无疑问，这并非周末开车兜风的普通人能够胜任的工作——F1 车手必须身体强壮，有出众的耐力和集中力，反应迅速，勇敢无畏，并且对第一个到达终点充满渴望。

在 F1 团队中获得一席之地是难得的成就。每支车队只能有两名正式车手，其他竞争者在车队中通常只能作为试车手或替补车手。大多数情况下，这个（出赛）"召唤"永远都不会到来。幸运的车手能够拿到 7 位或 8 位数的年薪。

F1 车手的平均年龄为 28 或 29 岁，并且

大多数车手在他们两只手数得过来的年龄就参加卡丁车比赛，开始了赛车生涯，之后逐渐进阶到动力较弱级别的赛车。然而，顶级车手需要在强大的引擎操作和遍及世界各地的 F1 赛事网络播出中获得经验，这意味着他们的年龄通常为 30 多岁。当然，近来像路易斯·汉密尔顿和塞巴斯蒂安·维特尔这样的车手向我们证明了，哪怕你才 20 岁出头，也有可能成为世界冠军。

英国人可以说具有一定的优势，因为英国人保持着获得冠军次数（14 次）以及个人冠军车手数量（10 位）的最高纪录。巴西和芬兰并列第二，各产生过 3 位冠军。此外，性别为男肯定也能给你带来一定的优势，因为在一级方程式赛车 60 多年的历史上，只有 5 名女性在赛道上狂飙过，男性则有 800 多名。

F1 赛车开起来并不舒服，并且对体能的要求很高——在其所有复杂的设计特点之中，

你敢去做吗

不用力挺直头部。这也是车手们都要努力提高身体素质、平均每周花费 20 个小时进行耐力和肌肉训练的原因。此外，在历时长达两个小时的比赛过程中，车手的心跳频率将保持在每分钟 150 ~ 190 次。所有这些都要求他们付出异于常人的努力。

然而，就算拥有健壮的身体，车手也不得不承认，赢家和输家之间全差在心理上。尽管周围存在诸多干扰，你仍然需要有保持专注的能力，要对快速变化的环境及时做出反应，并处理好高速转弯以及躲避竞争对手时的迂回，此外还要对抗不可避免的疲累。从近年来针对这项运动推出的保护措施来看，你还必须接受这样一个事实——每次参赛你都不得不承担死亡或受重伤的重大风险。

每场比赛前都有一次为期两天的演练和资格审查，以决定车手在起跑线上的发车顺序。比赛当天，所有赛车必须在比赛开始前的半个小时就位；开赛前最后五分钟，只有车手可留在起跑线上；比赛期间，你必须遵守所有的安全规则，否则就会受到处罚甚至被取消资格。

最后，如果你决心要获胜，那么就要确保家里有足够的空间，能够放得下那些巨大的奖杯。

车手的驾驶舒适度并非是高优先级考虑因素。尽管驾驶舱必须符合最小尺寸要求，但每位驾驶员的座椅都被制造成精确符合他们的体形，结果就是移动范围受到限制，仅能满足最低限度的驾驶要求。另外，你还要穿一套热得让人难受的制服，包括靴子、工作服、手套和头盔，它们全都由防火材料制成，还有一个又大又重的项圈，如果发生意外，它可以保护你的头部和脊柱。

强大的离心力将是你在比赛过程中要忍受的一个艰巨考验。比如，转弯时的离心力使你的头部比平常重 5 倍，这种情况下，你不得

14 挠自己痒痒

这是什么? 让自己发笑的自我控制。

为什么你还不去做? 因为这样的动作属于"意料之中"，你的大脑觉得一点儿都不好笑。

你可能属于那种只要有人给你一丁点儿暗示要挠你痒痒，你就会失去控制捧腹大笑的人。但是，如果你试着用自己的手来复制这种感觉，这种情况就十有八九不会发生了——出于某种原因，绝大多数人都不怕挠自己痒痒。

"如果你挠我们痒痒，我们能不笑吗？"莎士比亚在《威尼斯商人》中写道。然而，挠自己的痒痒也能笑出来才是真正的难题。一些钻牛角尖的研究人员坚持认为挠自己痒痒并发笑是可能的——用一根羽毛逗弄你的脚掌或者用你的舌头舔着上颚大弧度转动就能实现目标。然而，证据表明，不管我们如何尝试煽动自己，多数人还是会十分镇定，难以笑起来。

事实上，当别人挠我们痒痒的时候，我们的笑声主要与"意外"元素以及我们对当时局面缺乏控制有关。我们的大脑相当擅长预测感觉，因此我们常常忽视可预测的、安全的事物，而专注于意料之外的、有潜在威胁的事物。例如，用手指轻轻掠过胳膊不会产生什么感觉，但如果有只蜘蛛迅速从你胳膊上爬过，这可能就让你不寒而栗了（尤其当它是只狼蛛的时候）。

具体来讲，挠自己痒痒时，你的大脑负责控制运动的那部分（它们位于一个被称为小脑的区域，只有神经系统科学家才能够把这些事情弄清楚）会告诉负责处理触觉的那部分（躯体感觉皮层）和负责处理"令人愉快"信息的那部分（前扣带皮层）不要太兴奋。

不过，挠痒痒帮手就在眼前。一组来自英国伦敦大学学院的科学家设计出一个远程遥控机器人（当然价格不菲），它装有一个顶端附带少许软质泡沫的指针。"病人"仰面躺下，眼睛闭上，用一根控制杆来操控这个机器人（它会用它的挠痒棒来"袭击"你）。它设有一个延时系统——确保当机器人来袭的时候，"意外"的关键部分能够保持下来。

这些设计都令人印象非常深刻，不过，如果能让别的什么人来挠你痒痒，那肯定会比这有趣多了。

15 横渡英吉利海峡

这是什么? 英法之间广阔水域的勇敢征服。

为什么你还不去做? 要在冰冷和波涛汹涌的海峡中活下来,你的 25 米游泳奖牌可不够用。

1875 年,马修·韦布上尉成为世界上第一个游泳横渡英吉利海峡的人,全程用时 21 小时 45 分钟。从那以后,已有一千多位游泳者接受了这一挑战。在所有的只身尝试者中,只有远不到一半的人最后取得了成功,并且直到现在,这一横渡活动仍被形容为"公开水域游泳中的攀登珠穆朗玛峰"。

在考虑接受这个挑战之前,你首先应该是一名有着丰富的公开水域游泳经验的卓越游泳者。横渡海峡需要耗费大量的时间准备,而且要求全心全意地投入。英吉利海峡以其每 6 个小时改变一次方向的强潮汐而闻名于世,那里的天气也是出了名的变幻莫测。

经典的(也是最短的)路线是从莎士比亚海滩(Shakespeare Beach)到多佛(Dover),再到法国的灰鼻角(Cap Gris Nez),全程 33.6 千米——只能从英国游向法国。英吉利海峡是世界上最繁忙的水道之一,每天有 600 艘商船和 80 ~ 100 条渡轮在海峡中航行,因此你必须依靠一位领航员引导才能安全横渡海峡,其间他们还会帮助你留心海上漂浮的危险废弃物。

一般情况下,一年中大约有 13 天适合横渡。目前的最短用时纪录是差几分钟到 7 个小时,但如果是你,可能就要花上 10 ~ 20 个小时。

有两大机构对横渡进行认证:"英国海峡游泳协会"和"英国海峡游泳和领航联合会"。想要得到它们的承认,就必须遵守一些规则:

· 游泳者不允许使用任何人工辅助工具,并且在横渡期间不能与其他人有任何身体上的接触。

· 泳衣不能盖住胳膊和腿,也不能提供热保护或助浮力。允许戴护目镜、泳帽、鼻夹和耳塞。

· 每次横渡都会由一名官方观察员在现场观察,并提交观察报告。

· 你的领航员需要按照要求提交你在横渡期间的方位图。

你需要聘请一位教练来带你进行专业训练。你的训练计划一定要包括冷水游泳,因为你面临的水温通常只有 13℃至 18℃,而低温症是导致横渡失败的主要原因之一。

要练习两侧呼吸法。这样不仅能让你的划

你敢去做吗

水宝贝 张健，北京大学体育教师，于2001年7月完成了从英国海岸多佛到法国加来的横渡，成为成功横渡英吉利海峡的中华第一人。

臂变得对称，还能让你在支援船的两侧中的任意一侧游泳——这在恶劣的天气里有利于保护你自己。

此外还要经常进行水性练习，包括负重游、跑步、滚翻、转圈以及身体灵活性的训练。开始横渡之前，你要完成连续三周、大约每周10个小时的游泳量目标，但最后两周要将训练时间限制在每天两个小时以内。在横渡当天，要先适度热身，并涂上防护油，它能在你入水时提供防护隔离，不仅可以保护你免受轻微的水母蜇伤，还能起到避免擦伤的作用。涂抹防护油时，确保不要把它弄到你的手上、脸上或护目镜上。

横渡过程中，你每小时可能会消耗600～900卡路里的热量，因此在尝试之前，最好先让身体多长点脂肪——少许多余的脂肪也能为你提供防护隔离。游泳期间要有规律地进食，多数游泳者在前四个小时会每小时进食一次，之后每30分钟进食一次。你的目标是将进食时间缩短至1～2分钟：这需要高能量食物和运动饮料。为了避免与人接触，你要让别人通过一个绑在杆子或绳子上的袋子向你递送食物。不管你怎么努力，吞下大量让人作呕的盐水是不可避免的。跟马拉松运动员一样，你也可能会经历一个"撞墙期"。对于大多数游泳者来说，这往往发生在游泳开始后的5～8个小时，此时你要做的就是咬紧牙关并坚持下去。

对了，别忘记买保险。另外，一定要把你的护照交给领航员保管——历经这么多艰难险阻之后，你一定不希望在法国边境被拒之门外吧！

16 像鸟一样飞翔

这是什么? 有机会像老鹰一样在天空中滑翔。

为什么你还不去做? 你和鸟不一样,并没有长翅膀,也不是天生就能飞。

自古以来,展翅飞翔一直是人类的梦想。现在我们可以在飞机、直升机、滑翔机或热气球上实现这一愿望,同时还享受着舒适和安全。但有人不满足于此,他们还想着能够不借助外力飞行。有这种想法的人一定没有从希腊寓言中的伊卡洛斯(Icarus)身上学到教训——他飞得离太阳太近,结果粘着双翼的蜡融化,最后跌落水中丧生。

每年,在世界各地的码头,都会有勇敢的人身着双翼,朝海面跳起,疯狂地挥舞一会儿,然后跌入浪中。这种飞行方式并不是很有效,且不太雅观。

另外一种模仿鸟类(或者至少像鼯鼠那样)直上云霄的飞行方式似乎更可行——那就是翼装飞行。只需花上 600 美元,就能拥有一件由耐用面料制成,并专门为从飞机跳出的飞行者准备的滑翔服。与一般的伞兵或高空跳伞者不同,滑翔服穿戴者不会立即进入自由落体状态,而是可以"飞行"一段时间。

滑翔服最初开发于 20 世纪 30 年代,但是质量非常不好,好几个早期的测试人员都在滑翔途中丧了命。到了 20 世纪 80 年代,德国跳伞运动员克里斯多弗·艾伦通过在飞行服上添加额外边带使滑翔服的研发取得了巨大飞跃。这个项目在 20 世纪 90 年代由法国人帕里克·德·伽雅顿进一步推进,他设计的滑翔服在两腿之间和每条胳膊下都有一个翼带,于 1998 年开始进入市场。

翼装飞行可以说是一种介于跳伞和滑翔之间的运动。这显然并不适合初学者,根据专家的建议,在尝试这种飞行之前你应该先完成 500 次常规高空跳伞。

一旦从飞机上跳下,你就要伸开胳膊和双腿以打开双翼。这与普通高空跳伞的感受截然不同。高空跳伞者以约 195 千米 / 小时的速度向地面俯冲,也可以以 100 千米 / 小时的速度向前飞行。相比之下,翼装飞行者的下降速度只有跳伞者的一半以及 145 千米 / 小时的水平飞行速度。

这是因为滑翔服将你的身体塑造成"翼型",从而产生向上的升力,抵消了重力的作用,就像飞机机翼一样。额外的升力有助于提高你的下滑比(重力、升力和阻力之间的关系),使你可以在更长的一段时间内向前飞行。

现代伊卡洛斯 1935年2月27日，飞行家身绑翅膀和他自己发明的翼带（重约3.5千克），在佛罗里达约3600米的高空，从飞机上跳下。他活了下来。

无法控制地急剧下降。

一旦你自我感觉良好并且掌握了娴熟的飞行技巧时，就可以做些高难度的杂耍动作了。但不要深陷其中，记住，随着下降速度的加快，你要在合适的时间点打开你的降落伞！

许多人以创造翼装飞行纪录为目标，2012年，日本翼装飞行者伊藤真一在加利福尼亚约洛郡（Yolo County）创造了水平距离26.9千米的飞行纪录，在空中滞留了五分多钟。

当然，如果你觉得飞行的动力不够，还可以使用"喷气翼包"。这种特殊的滑翔服由带状碳纤维双翼与小型集成喷气发动机构成。虽然这项技术还处于起步阶段，但它已取得了令人瞩目的成功——2003年，奥地利勇士菲利克斯·鲍姆加特纳带着"喷气翼包"穿越了英吉利海峡。

尽管如此，在我们能够真正与鸟儿竞技之前，还有一条很长的路要走。就拿普通的鸽子来说，它可是能在一秒内飞跃长达自己身体75倍的距离！

飞行过程中，你需要谨慎控制下降速度以达到升力和阻力间的最佳平衡，将你的肩膀向前伸，这样才能获得最大的前推力。为了延长飞行时间，你要抬头，向前看，弯曲臀部，伸展手臂和双腿，将向上的力"往下压"。

学会在空中调整你的身形。保持微小的运动幅度，控制身体以避免危险的"翻身"。无论此刻你感觉自己多么像一只自由的鸟儿，也一定不能晃动你的双臂，因为这可能会造成你

17 成为亿万富翁

这是什么？ 几乎无法想象的巨大财富。

为什么你还不去做？ 挣这么一大笔钱，可一点儿都不轻松。

一首老歌曾经唱道："谁想成为百万富翁？"我们对此的回答是："一点儿都不想。"因为现在大家都梦想着成为亿万富翁。我们想要过上超级富豪的生活，想要豪华大宅和私人游艇。当然，我们也想用慈善基金拯救世界。那么，我们该如何开始呢？

截至 2011 年，《福布斯》杂志将全世界的亿万富翁记录在册，净资产总额达 4.5 万亿美元。如果你是美国人，那你成为他们中的一员的机会是最大的——1210 位亿万富翁中美国拥有 413 位，亚洲 332 位，欧洲 300 位，其他地区 165 位。对了，这些亿万富翁的平均年龄为 66 岁。

只有少数超级富豪是含着金汤匙出生的。例如，沙特阿拉伯国王的净资产估值为 210 亿美元，摩纳哥阿尔伯特二世为 10 亿美元。最出人意料的是英国伊丽莎白二世女王，她的身家低于 10 亿美元。

大多数亿万富翁靠的还是自己拼搏，但他们赚大钱的途径可是多种多样的（不过你基本能排除某些职业，比如教师或慈善工作者）。

根据《福布斯》排行榜，2011 年世界上最富有的五个人分别是墨西哥的卡洛斯·斯利姆，美国的比尔·盖茨、沃伦·巴菲特和

拉里·埃里森，法国的贝尔纳·阿尔诺和印度的拉克希米·米塔尔。斯利姆主要靠通信业发家，盖茨和埃里森靠 IT，巴菲特擅长投资，阿尔诺从事奢侈品行业，米塔尔则占领了钢铁领域。

到底如何成为亿万富翁？这并没有一成不变的法则，但是许多超级富豪似乎都有着某些共同的特点。不妨去研究一下富人的生活，看看激励他们奋发前行的推动力是什么，他们又各自拥有怎样的特质和处世态度，深入了解这一切会让你更有机会加入他们的行列。

首先，他们也只是普通的人类。尽管腰缠万贯，但他们和我们一样经历过人生的跌宕起伏。他们会担心身体健康和各种人际关系，也会为孩子是否能够通过周一的拼写测试而焦虑。虽然可能没有还贷的压力，但现金流偶尔会成为他们的烦恼来源。总之，他们之于你我并没有那么多的不同。研究表明，亿万富翁之所以能脱颖而出在于他们能够创

你敢去做吗

富豪特朗普 唐纳德·特朗普是美国最著名的商业大亨和媒体人物之一（于 2016 年当选为美国总统），其净资产估值超过 30 亿美元，他曾利用其中一部分资产在曼哈顿建造了一座标志性的特朗普大厦。所有这些财富还为其带来了其他一些特权——特朗普曾是娱乐明星中的一员，他因参加电视真人秀节目《飞黄腾达》而名声大噪，并与 2012 年环球小姐奥利维亚·卡波等人交往密切。

造性地解决问题，并表现出高度发达的分析能力，直击问题的核心——这就是为什么他们总能发现商机。

在事业开始之前，富豪们通常会先在头脑里形成清晰的阶段性目标，最重要的是要有如何赚钱的详细计划——没有多少亿万富翁是一夜暴富的。

同样，自力更生的超级富豪往往敢于冒险，不畏惧失败。许多亿万富翁曾经亏得一干二净，但他们不断吸取从前的经验教训，展现出非凡的"复活"能力。

许多富豪声称他们对人类心理学颇有研究，因此能够说服别人接受他们的观点，做出让步，最终达到目的。他们时常想起早期生活的贫困（或至少相对贫困），这激励着他们为了不再回到那种穷苦状态而奋发向上。除此之外，在财富积累的早期阶段，来自家庭的支持和保障则是另一个必不可少的因素。

18 拥有一座私人岛屿

这是什么? "买买买"疗法的终极形式。

为什么你还不去做? 私人天堂的价格可不是谁都能承受得起的。

要想拥有一座自己的岛屿,你大可不必当什么控制世界的邪恶天才——根据市场调查,岛屿买家通常是 50 岁左右的美国人,且有从商背景。但想要得到私人岛屿,毫无疑问你得有雄厚的财力——但其实也不一定如你所想的那么贵。

岛上过的可是世外桃源般的生活,但在下定决心之前,还是要仔细地考虑一下——远离尘世的喧嚣当然很好,但你真的愿意长期与世隔绝吗?你想要一座小岛的原因将会影响你的购买选择——只是为了短暂的度假?待上半年?还是说永远都不回来了?只要住度假小屋,小型岛屿便可,但如果打算永久居住,地盘至少得好几千平方米。如果你有开发项目的规划,比如一个度假村,那你至少需要 10 万平方米的地盘。假如你寻找的是长期投资,那要快点下手,因为利润可不等人。亚里士多德·奥纳西斯在 20 世纪 60 年代以 10000 美元的价格买下了希腊的蝎子岛(Skorpios),今天该岛屿值一亿美元。

选定岛屿的大小后,你需要规划一下位置。一般来说,热带岛屿比温带(比如北美)岛屿更昂贵。接下来是住处和交通——是找一个安全的船只停靠港口还是建一条飞机降落跑道?除此之外还有基础设施——你需要稳定的能量(可以是太阳能发电)和供水来源、购买食物的去处、路程合理的医疗中心和确保可以与外部世界联系的通信工具。

对于你的预算,一定要精打细算——岛屿的价值取决于人们愿意为了它花多少钱,兴许看上这座小岛的就你一个人,所以别着急,慢慢考虑。过不了多久,你可能就会发现,其实私人岛屿的花费比相邻大陆海滨的房子要低得多,有时甚至是一种意想不到的实惠。例如,新斯科舍省(Nova Scotia)的岛屿大约 30000 美元起价,而理查德·布兰森对内克岛(Necker Island)的 16 万美元开放报价被认为是相当无耻的价格。

你不大可能会在当地找到所谓的"地产代理",所以对于那些自称是代理的人,一定要检查他们的资质证书。最后,不管你多忙都不要买一座你没见过的岛屿——如果你住得不满意,想要再退回去,可不是一件容易的事。

你敢去做吗

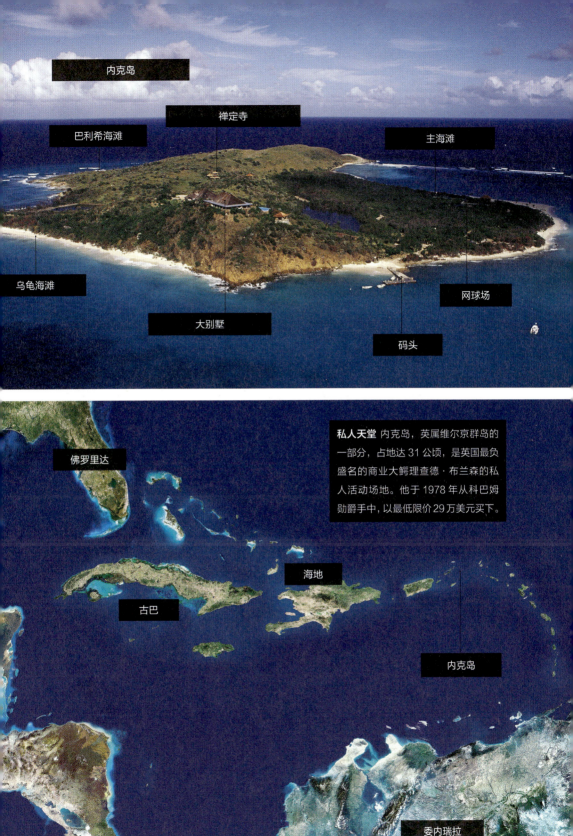

内克岛

禅定寺

巴利希海滩

主海滩

乌龟海滩

网球场

大别墅

码头

私人天堂 内克岛，英属维尔京群岛的一部分，占地达 31 公顷，是英国最负盛名的商业大鳄理查德·布兰森的私人活动场地。他于 1978 年从科巴姆勋爵手中，以最低限价29万美元买下。

佛罗里达

海地

古巴

内克岛

委内瑞拉

19 入住威尔逊总统酒店的顶层皇家套房

这是什么？ 世界上最贵的酒店房间。

为什么你还不去做？ 光是在里头的小酒吧逛逛，就已经大大超过了你的预算。

即使在经济最好的时候，瑞士也从来不是一个普通人能享受得起的旅游目的地：想要真正领略这个国家的魅力，充裕的银行存款必不可少。如果钱不是问题，那一定不能错过威尔逊总统酒店的顶层皇家套房——这可是世界上最昂贵的酒店套房。

威尔逊总统酒店坐落于离联合国总部不远的日内瓦湖（Lake Geneva）湖畔，于1963年正式营业。如今，这座酒店归于塔曼家族（Tamman Family）名下，他们在1989年获得了经营权。酒店于1996年经整体翻修后重新开张，2007年至2010年年间又进行过一次彻底的大修，如今拥有228间房，并承诺向客户提供"世上独一无二的特权"。它确实做到了，尤其是当你翻看它的报价单时，感受特别明显——酒店最尊贵的顶层皇家套房，售价竟然高达80000美元一晚。那么问题来了，这钱到底花得值不值？

顶层皇家套房占据了酒店的整个顶楼，面积约为1680平方米。它包括了12间卧室和12间浴室，都可乘坐私人电梯直达。此外，还有一个健身区、一个台球室以及一个按摩浴缸——你可以一边洗澡一边欣赏勃朗峰（Mont Blanc）的壮丽景色。如果在度假时有工作要做，这里甚至还会提供会议室。套房里准备有一台斯坦威钢琴（可以挑选钢琴家进行演奏）和一个103寸的电视，只需按一下按钮就能欣赏到丰富多彩的娱乐节目。套房外有一个私人露台以及宽敞的直升机停机坪。

你可以随时呼叫套房里尽心尽责的工作人员——个人助理、厨师和管家全天候在线。你也不用担心安全问题。套房配备有警卫室、防弹窗、装甲门以及可供一人躲藏的安全空间。

对于很多人来说，威尔逊总统酒店最吸引人的地方在于他们对客人隐私的极度尊重。同时，该套房也因为世界领导人的光顾而知名。比如比尔·克林顿、米哈伊尔·戈尔巴乔夫、托尼·布莱尔和沙特阿拉伯国王以及其他著名人物，包括迈克尔·杰克逊、比尔·盖茨和理查德·布兰森等，都是它的忠实顾客。所以，要想好好享受这份奢华的服务，别忘了提前预订。

你敢去做吗

20 打破世界纪录

这是什么? 做到别人做不到的事。

为什么你还不去做? 如果能轻易地完成，那别人早就已经成功了。

对许多人来说，《吉尼斯世界纪录大全》（*Guinness Book of World Records*）是破纪录者的"圣经"。大多数破纪录者都渴望在它神圣的篇章里看到自己的名字。你可以在一分钟内击破 70 个西瓜吗？或者在 3 分钟内钻过一个网球拍 7 次？如果是这样，那么恭喜你，你将加入这一独家俱乐部。

在进行任何破纪录尝试之前，请检查该纪录是否会被收录在册。因为出于安全考虑，有许多挑战项目（例如某些极端的饮食和饮酒）不再被《吉尼斯世界纪录大全》接受。每年，这本书中大约有 1/4 的纪录被打破，同时还有 65000 份申请待处理。你需要提供证据证明自己破了纪录，包括两份公证人的证词和一篇详细日志。一般来说，打破纪录的尝试应在公共场所进行。对了，在现场验证环节，你还可以寻求当地媒体的帮助。你通常会在六周内收到回复，告知你的申请是否有效。

如果你挑战的是一个已有的纪录，成功的可能性会大大增加——你也可以申请新的挑战项目，但一定要得到编辑团队的批准，否则你很有可能会浪费时间去创造一个他们不接受的纪录。纪录必须具有挑战性、可证明、可量化、可被打破以及任何人都能参与。你可以向编辑团队询问当前的纪录标准，新书出版后，纪录标准会随着一起更新。

认清自己的实力，选择一个切实可行的目标。难不成你真的想超过尤塞恩·博尔特保持的 100 米纪录？还是身为一个女人却长出 27 厘米的胡须？这时候，就要发挥你的优势了——也许缠绕出一个世界上最大的毛线团更适合你。

来自纽约的阿什利塔·福曼打破了最多的纪录，目前已有 151 条收入书中。从 1979 年开始，他已经创造了 400 多项纪录。在他的各项挑战纪录里，福曼尝试过跳爆竹、真假音互换、踩着高跷上富士山、水下杂耍、跳房子以及头顶一瓶牛奶走路。不用说，他还保持着"同时拥有吉尼斯世界纪录数量最多的个人"的纪录。

21 让蒙特卡罗赌场倾家荡产

这是什么? 战胜挑战,击败赌场。

为什么你还不去做? 要在赌场里获胜,没你想的那么简单。

这个世界有一条简单的真理——你从不会遇见一个穷得叮当响的赌场老板,也很少能遇到一个富得流油的赌徒。除了拉斯维加斯,世界上没有比摩纳哥的蒙特卡罗(Monte Carlo)更著名的赌场了,美丽的赌场沐浴在地中海的金色阳光里。那么问题来了,如果想让赌场的主人输到痛哭流涕,你知道该怎么做吗?

"让蒙特卡罗赌场倾家荡产的人"是一个叫约瑟夫·贾格尔的英国人,19世纪70年代,他发现了赌盘总是偏向某些数字。假如你打算跟随贾格尔的足迹,那么下午两点就可以开始赌博。当然,赌场并不是想进就能进的,你必须年满18岁,并穿着讲究。赌场会提供各种赌局游戏,同时也会收取一定的入场费。

对于任何形式的赌博,都要适可而止——因为人很容易赌红眼,而第二天早上就后悔了。赌盘的规则很简单:将赌注押在一个或一组数字上(从1到36),如果旋转球刚好落在相应的轮盘槽,那你就赢了。如果你赌的是单个数字,赔率就是35:1。其他类型投注的赔率逐渐缩小。听起来很简单?事实上,轮盘赌被很多人认为是最难赢的赌局之一——尤其是轮盘上还含有一个"零"槽,这将赌场的胜率提高了至少5%!

大多数专业人士认为,在21点上击败庄家的胜率更大。在这个游戏中,一开始你有两张牌,你的目标是尽可能接近21,但不能大于21(所谓的"爆了")。接着你要决定是否冒险增加手牌、加大赌注——如果你手上的牌比庄家大且没有爆掉,或者庄家自身的牌超过了21,那你就赢了。有多种经验规则可以确保你手中的牌正中21点,在各种情况下都"稳若泰山"。当然,前提是你能记住所有的规则。

如果你勇气十足,不妨试试"算牌术"。你可以利用记忆法和心算来摸清庄家的出牌套路,算出庄家的下一张牌是大还是小。然而,一旦你决定采取这种方法,可千万别被庄家看出来。要知道,赌场一点儿都不好惹!

你敢去做吗

22 写一首大热流行单曲

尽管音乐产业瞬息万变，但拥有一首自己创作的冠军单曲始终是无数人的毕生梦想。要实现这个目标，你需要不怕麻烦地关注不同的排行榜，你要注意实体销售、无线播放、数字下载等。但说到底，你要先有一首人们爱听的歌。

写歌有点像在通过亲吻青蛙来寻找王子。在一炮而红之前，你可能要写很多很多。例如盖伊·钱伯斯（罗比·威廉姆斯的前作词伙伴），当今最成功的创作人，他需要写 47 首歌曲，才能有 1 首轰动乐坛。要知道歌曲可不是凭空出现的，而是需要你卖力地写——或许白日梦可以带来一些灵感，但你最终还是要把头脑中的词和曲调都写到纸面上。

占据排行榜第一的金曲除了高质量的创作，还要有良好的演唱技巧、聪明的营销方式和无与伦比的好运。你要将自己沉浸在音乐中，从不同时代寻找不同曲风，还要学习歌曲创作理论——你不必常年耗在音乐沙龙里，但它确实有助于增进你对旋律、和声和节奏的基本了解。你需要熟悉基本的歌曲结构，但不要被理论所限，而要勇敢地利用所学大胆创造。

根据《公告牌》（Billboard）杂志，一首金曲的平均时长为 4 分 26 秒，平均每分钟 117 ~ 122 个节拍。根据数据统计，排行第一的单曲以 C 调和大调为主。如果你并不擅长歌词，不妨找个伙伴一起解决——埃尔顿·约翰（Elton John）和伯尼·托平（Bernie Taupin）的合作就很愉快。

当你写了一首歌且觉得还不错时，不要害羞，赶快唱给别人听。如果他们没有禁不住跟着哼唱，那这歌就不会是你的大卖之作。同时，记得为你的歌曲注明版权，不贱卖，不白给。你要仔细考虑是否与大型唱片公司合作，跨国公司的丰富资源和技术是你作为"个人"所没有的，但越来越多的音乐人都选择了自己支撑或依靠小公司。以前，唱片的成功取决于电台点播——如果 DJ 们喜欢你，那么你的歌曲成功的概率就会很高。而近些年，得益于互联网的普及，歌曲的"炒作"方式越来越多，老谋深算的词曲作者会在作品发表前好好研究这些花里胡哨的载体。

23 "进驻"杜莎夫人蜡像馆

这是什么? 在蜡像中永生。
为什么你还不去做? 名气来去无常,也许蜡像还在制作时,你就已经过气了。

只要你足够名声斐然,就能在伦敦著名的杜莎夫人蜡像馆(Madame Tussaud's)里"永垂不朽"。一旦在蜡像馆展出,你的身影将会出现在数不胜数的度假照片里。然而建模过程非常耗时,你可别在蜡像做好之前就过气了。

杜莎夫人(Madame Tussaud),原名为安娜·玛丽·格劳舒兹,1761 年生于斯特拉斯堡(Strasbourg),并于 19 世纪初期在伦敦的马里波恩区(Marylebone)建立了她的第一个蜡像馆。随后的几个世纪里,虽然蜡像的制作方法发生了巨大变化,但她的蜡像馆却一直保存了下来。

如果你想在蜡像馆里成群的游客面前占有一席之地,首先你得家喻户晓。伦敦蜡像馆每年会推出 10 ~ 12 个新蜡像,每个蜡像要花费长达六个月的时间制作。因此,杜莎夫人蜡像馆对于一夜爆红或不知名的名人并不感冒。如果你是女王,那太棒了!奥巴马,当然可以!Lady Gaga,快请进!说到名声,当然越高越好。

如果你有幸接到蜡像馆的电话,不要高兴得太早,这只是漫长征程的开端。接下来你将会与伦敦西部的梅林工作室合作完成蜡像的制作。第一步是前往工作室。造型过程最短的只用 15 分钟,但更多的情况下会长达四个小时。

你将与雕塑家,他们的助理,头发、眼睛、皮肤和服装专家,牙齿、手部塑造团队见面。你们会讨论蜡像的整体造型,包括神情和姿态。雕塑家会拍下众多图片并进行精确测量,也会尝试了解"真正的你",希望将你的个性融入蜡像中。

雕塑家会花费数周的时间在黏土上制作雕塑。除了造型时的照片,雕塑家也会在新闻摄影和视频素材中寻找灵感。蜡像框架(这是你的蜡像的骨架)由钢和铝合金制成,用报纸填充,最后是铁丝网线缠绕——你可能很出名,但你的蜡像就不一定那么"光鲜亮丽"了。

颈部的细节修改完成后,你的头像会被单独进行更精细的雕刻。顺便说一句,你的头部雕塑将比实际头像要大出许多,以弥补在蜡铸造工艺中产生的收缩问题。整个雕刻过程耗时 10 ~ 12 周。

接下来是倒模和铸造阶段。头部和手臂(在展出时最突出的部位,除非你是 Lady

你敢去做吗

核心球员 杜莎夫人蜡像馆的一位雕塑家在注蜡之前，正在对葡萄牙足球巨星克里斯蒂亚诺·罗纳尔多（C罗）的黏土半身像做最后的修饰。罗纳尔多在蜡像馆的首次亮相是为了庆祝国际足联"梦幻足球队"正式成立。

Gaga）将分别处理。用来铸造头部的材料是由蜂蜡和日本蜡制成的混合物，这种石膏铸模能保存200年，就算未来需要修补也不成问题。你头部的浇铸将分区域进行，然后由雕塑家进行组装，把接缝处"熨平"。

手臂部分将用牙科藻酸盐材料制作，这种材料结实而富有弹性，能够展现出你皮肤上的细纹和毛孔。同时，你的身体将以树脂和玻璃纤维浇铸。油性涂料用来处理头部和手臂的细节问题——头部细化通常需要五天时间，手部

需要两天。眼睛由水彩绘制，会根据真实的瞳孔颜色来挑选颜料，以求达到完美匹配。

仅仅是双眼的描绘也需要花费十几个小时，而全套牙齿的打磨又需要四天。为体现细致的表情，每颗牙齿都需要单独着色和抛光，制作材料专门从牙科供应商处购买。同时，头发也采购自头发商人，与你在造型时取的样本相匹配。每一缕头发都是用专业工具嵌入头部，这种"盖顶"式的植发需耗费六周时间，简直就是一场马拉松。

最后，就是给你穿上衣服——通常蜡像馆会让你捐赠自己的衣服。如果你不同意，他们则会从相应的商店或裁缝处采购同款衣物。大功告成！

当然，如果你真的接到了杜莎夫人蜡像馆打来的电话，最好先确认下他们是不是打算把你收到恐怖馆里。

24 盗走蒙娜丽莎画像

这是什么? 偷走世界上最著名的肖像画。

为什么你还不去做? 这是世界上戒备最森严的"神秘的微笑"。

作为世上最有名的艺术品,列奥那多·达·芬奇的画作《蒙娜丽莎》是巴黎卢浮宫的镇馆之作。肖像的主人是弗朗西斯科·戴尔·乔孔达的妻子,因此这幅画作也经常被称作《乔孔达夫人》。如今,每年前来欣赏《蒙娜丽莎》的游客约有 800 万,与之相对的是它十分严密的安保措施——那可是真正的"天衣无缝"。

作为世界顶尖的博物馆之一,卢浮宫的前身是法国皇家宫殿(French Royal Palace)。它既具备中世纪城堡的雄伟,又坐拥现代的先进安保技术,实在是世上众多伟大艺术珍品的理想家园。卢浮宫里有一千多名警卫全天候巡逻,每年在迷宫般的画廊里游览的游客数量接近 890 万(日客流量将近 29000 人次),当然,他们中的大多数只有一个目的地——国家展厅(Salle des États)。

就是在这样不协调的"现代化"环境(大厅在 2005 年翻新过)里,《蒙娜丽莎》被放在独家定制、温度恒定、全方位密封的画框中,在 5 厘米厚的防弹玻璃后露出神秘的微笑。

安全回归《蒙娜丽莎》在失窃两年多之后,于 1913 年 12 月重新回到卢浮宫,意大利和法国官员为此进行庆祝。在《蒙娜丽莎》成为今天的文化标志的过程中,它的失而复得功不可没。

同时在画像的下方还有一块长约2.4米的类似桌子一样的平台，所有参观者均止步于此，周遭的摄像头实时监控现场，移动传感器防止未经授权的人士接近画作。总而言之，想要与世上最著名的女士进行"独处"，这样的机会几乎为零。

然而，最初的情况并不是如此。一个世纪前，《蒙娜丽莎》还不是今天的全球性文化标志，它一直都低调而不为人所知。结果，有个人在不知不觉中将这幅画成功偷走，震惊了所有人。

这个胆大包天的人是出生于米兰附近的业余画家文森佐·佩鲁贾。尽管佩鲁贾已经在巴黎住了几年，但他仍然是一个坚定的意大利民族主义者，并且一直认为《蒙娜丽莎》是拿破仑从意大利掠夺而来的。

虽然卢浮宫的馆藏里（现在仍然如此）的确包含许多这样掠夺而来的作品，但《蒙娜丽莎》并不是其中之一——它确实是由法国国王弗朗索瓦一世在达·芬奇去世后不久通过合法途径购得的。

让《蒙娜丽莎》回到祖国的想法一直在佩鲁贾的脑海里萦绕，1911年，佩鲁贾潜伏在卢浮宫内做了几个月的杂活，熟悉了馆内的布局和员工的习惯。

1911年8月20日，佩鲁贾将计划付诸行动。他身穿博物馆制服，藏在储藏室过夜，只为在星期一早上动手（那天是博物馆的传统闭馆日）。佩鲁贾混在维修人员中，走到方形厅（Salon Carré）中的《蒙娜丽莎》画像

前，把它从墙上取下，接着前往相对隐秘的楼梯间——全程没遇到一个保安。他从笨重的画框里将画作切下，裹在纸张里，夹在腋下，走向出口——不料竟发现自己被锁在里面了。正当佩鲁贾想着一切都完了的时候，一个管道工出现了，他看到佩鲁贾穿着和自己同样的制服，以为是同事（他并没有注意到靠着墙的画框），于是用自己的一串钥匙把佩鲁贾放了出来。直到周二早上卢浮宫重新对外开放时，大家才发现《蒙娜丽莎》失窃了。

佩鲁贾把画作带回公寓，放了两年也没有引起怀疑。随后，他将《蒙娜丽莎》走私到佛罗伦萨，并联系艺术品经销商阿尔弗雷多·盖里，表示他想让画作回到它应该属于的地方。然而，盖里找来了乌菲兹美术馆（Uffizi Gallery）的专家以确认真伪——这暴露了一切。人赃俱获，佩鲁贾被判了7个月的监禁，尽管在某些方面他也算得上是个伟大的民族英雄。《蒙娜丽莎》经历了短暂的意大利之旅后，最终还是回到了巴黎。

时至今日，如果你还想仿效佩鲁贾，那肯定会面临更多的安保难题——而且请记住现在卢浮宫的闭馆日已经挪到周二了！

光荣孤立 从2005年起，《蒙娜丽莎》就单独在卢浮宫国家展厅的一面墙上展示，周遭的安保设施使得这幅画的爱慕者们只能在一个安全的距离之内观赏它。

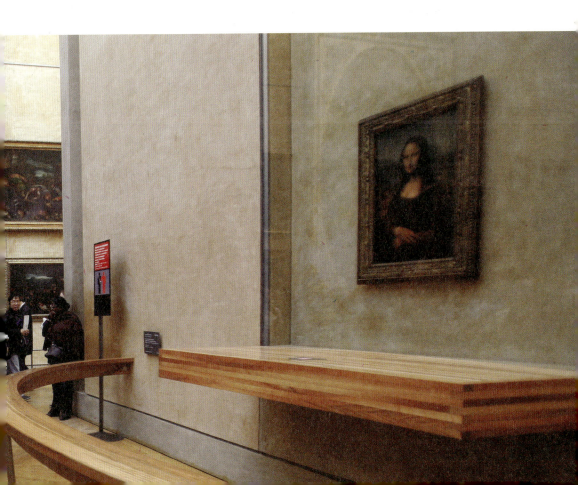

25 拥有莎士比亚的《第一对开本》

这是什么? 莎士比亚伟大作品的初版合集。

为什么你还不去做? 看看这套合集的售价,你就能明白它的稀有程度了。

对于狂热的书籍收藏家来说,浏览古籍书店是个实实在在的脑力活。这本书值得收藏吗?是不是第一版?签名了没?书况如何?当然,如果你碰到的是莎士比亚的《第一对开本》,大可不必考虑这么多问题,因为你捡到无价之宝了!

1616年,莎士比亚去世,留下了无与伦比的文学瑰宝。但收集他所有的戏剧并出版印刷不是一件简单的事。莎翁的朋友约翰·赫明斯和亨利·康德尔花了整整七年的时间才将手稿编辑整理完毕,并装订成册,交付印刷。《第一对开本》的每个版本都只发行750本,且各有特色,上面保留着一系列的排版印刷错误和工人校正痕迹。《第一对开本》当时每本卖1英镑,相当于现在的200美元。目前,专家认为流传于世的复本约有230份,大多由大型机构拥有——光是华盛顿特区的福尔杰莎士比亚图书馆(Folger Shakespeare Library)就拥有82本。

但是,如果你想自己拥有一本呢?最好的方法是成为一个富豪,因为你的花费将远远超过1英镑。同时,你还需要付出一些耐心——《第一对开本》很少出现在拍卖行,即使有人这么做,也会有别的收藏家与各大博物馆、图书馆与你同时竞拍。2006年7月,《第一对开本》的一份复本就拍出了520万美元的高价。

如果以上价位超出了你的能力范围,那为什么不试试运气?曼彻斯特的家庭主妇安妮·亨弗里斯就是这样一个幸运儿。2004年,她从一位从不联系的亲戚处继承了一本书,从此生活发生了天翻地覆的变化。经专家检测,这本书是货真价实的《第一对开本》复本。如果你打算走"幸运"路线,那么英格兰的北部似乎是个好去处:几年后,《第一对开本》的另一份复本出现在约克郡斯基普顿公共图书馆(Skipton Public Library)的委员会储藏室里,它已经被人遗忘很久。

最后一种方法我们并不推荐,那就是盗窃。2008年,福尔杰莎士比亚图书馆新获得了一份复本,然而它很快就被鉴定出是十年前杜伦大学遗失复本的残缺部分。该复本由一名叫雷蒙德·斯科特的人送往福格,他的住处离杜伦大学很近。他声称这份复本并不是由他偷盗而来,而是在古巴偶然遇见。尽管最终他没有被判盗窃罪,但他还是被指控私藏赃物并被判了八年刑。

26 荣获奥斯卡

这是什么? 好莱坞的职业生涯中的最高荣誉。

为什么你还不去做? 能让人获奖的角色可遇不可求。

奥斯卡金像奖（Academy Award）有 24 个不同类别的奖项，但这里我们感兴趣的并不是化妆或声响混成。我们谈论的是其中的五大奖项：最佳影片、最佳导演、最佳男主角、最佳女主角和最佳剧本。事实上，最后一条是我凑数的——大家都知道，电影产业中没人在乎编剧！

假如你是真的想获得这座著名的"小金人"，那从一开始就得仔细规划。在最佳影片的角逐中，恐怖片是没什么戏的，科幻片、喜剧片和音乐剧也一样。奇幻片也不行，除非你是彼得·杰克逊。总之，确保你的影片细腻而现实。金像奖对电影时长也有偏好——从没过低于 90 分钟的影片入围，《乱世佳人》《宾虚》和《阿拉伯的劳伦斯》都超过了 210 分钟。

如果你是女性，那就放弃最佳导演奖吧——迄今为止唯一的女性获奖者是凯瑟琳·毕格罗，2009 年因《拆弹部队》（The Hurt Locker）而获最佳导演奖。根据数据统计，"直男"和白人成功的机会最大。迄今为止，只有一位亚裔（李安，获奖两次）、四个同性恋或双性恋获得最佳导演奖，另外还有两名黑人导演被提名。

最佳女演员的平均年龄是 35 岁，要么就再老一点儿，比如杰西卡·坦迪在 1989 年赢得最佳女演员奖时已是 80 岁的高龄了。如果你天生丽质，那就试着扮丑——就像《女魔头》里的查理兹·塞隆或《此时此刻》里的妮可·基德曼。本色出演也很明智——将近 70% 的获奖者都试过。最佳男演员年龄稍微大些，平均年龄为 43 岁。还有就是得扮演贴近现实的人。从数据上看，电影主题与精神障碍、毒瘾和残疾相关也可以增加胜算。电影得用英语，不过法国演员让·杜雅尔丹在 2012 年因《艺术家》里的无声表演而获奖，是个例外。

冲击奥斯卡需要公关支持，通常花费在 200 万 ~ 300 万美元。2011 年，索尼投入了 500 万美元在《社交网络》（The Social Network）上，依旧与最佳影片奖失之交臂。奥斯卡颁奖典礼是最为瞩目的电影产业展示平台，吸引了世界各地的 10 亿观众——所以如果你受邀走红地毯，务必多花些心思准备造型。

记住你只有 45 秒时间用于发表获奖感言——好好把握，别忘了感谢你的妈妈。

你敢去做吗

27 在百老汇登台亮相

这是什么？ 在戏剧行业中成为受瞩目巨星。

为什么你还不去做？ 总有更年轻、更渴望成功、更有才华的后起之秀……

你想在百老汇（Broadway）上看到你自己的名字闪闪发光吗？征服纽约最著名的剧院是许多艺人的终生目标，正如有首歌曾深情地唱道："如果我在百老汇能够成功，我到哪里都将获得成功。"

每年，成千上万充满幻想的人涌向纽约，希望有一天能在演艺界大显身手。但对于大多数普通人而言，梦想只是梦想。如果你真的想大干一番，那你第一步要做的就是磨炼自己的技能。找个戏剧学校学习表演课程，广泛地阅读表演理论家（比如斯坦尼斯拉夫斯基、迈斯纳和格洛托夫斯基）的作品以及抓住一切演出的机会，可以从一些业余作品开始。同时别忘了照顾好自己的身体——身体是本钱，好好待它。

试着成为一个多才多艺的人——如果表演之外，你还能唱歌跳舞，成功的概率将会大大增加。即使你不是以唱歌为主业，也一定要去上声乐课学习如何更好地掌控发声。同样，即使你不是金·凯利也要好好去上舞蹈班，因为这样可以改善你的行走步姿和形体仪态。

需要去见谁？要去哪里试镜？你最好能提前制订一个完备的计划，并准备简历和照片。

到达纽约之后，快速熟悉环境，进入最佳状态。如果你是演员协会（Equity Union）成员，你的成功概率会大幅增加。如果不是会员，那你就得在公开征选中苦苦挣扎，希望有一天能脱颖而出。因此，很多演员在去纽约前，会先在本地工作一段时间，这样可以更容易成为演员协会的会员。

去试镜时，尽量把角色演出自己的特色。选择有趣的片段以展示你的技能和个性——如果你是第一百位候选人，而且还演着同样的戏码"生存还是毁灭"，制片方很可能会直接拒绝你。如果你需要表演一首歌曲，百老汇的标准是一段 32 小节的音乐。如果你需要跳舞，记得带上你的舞鞋。不要尝试不适合你的角色。如果你身形六英尺三英寸，文身，还是一个非洲裔美国男性，就请不要浪费时间去试镜演主角了。

你敢去做吗

28 成为斯卡拉歌剧院领唱

这是什么? 在世界上最著名的剧院里用歌声统领全场。

为什么你还不去做? 拥有这样肺活量的人,世界上可不多。

美国幽默大师埃德·加德纳曾说过:"歌剧就是一个人背后被捅了一刀,但他没有流血,反而唱了起来。"不过,想成为歌剧领唱——无论是天后级别的女高音还是眉头紧皱的男高音——除了不跑调、声线饱满、情绪激昂,你要付出的还有很多。

世界上最著名的歌剧院也许要数位于米兰的斯卡拉歌剧院(La Scala)了。该剧院于 1778 年 8 月 3 日正式启用,首秀是莫扎特的对手安东尼奥·萨列里的《欧罗巴的现身》(*Europa Riconosciuta*)。在这个 3000 座的歌剧院里现身演唱代表了许多艺术家的职业生涯巅峰。在这里登台的伟大艺术家包括内莉·梅尔巴夫人、恩里科·卡鲁索、玛丽亚·卡拉丝、卢奇亚诺·帕瓦罗蒂和奇里·特·卡娜娃夫人。如何才能成为他们中的一员呢?

在流行音乐的历史上随处可见的"一夜爆红",在歌剧界里却很难发生——想要企及巅峰,必须从小勤学苦练。不用说,首先你得有天赋。如果在学校合唱团唱高音都费劲,那么你不太可能一下子就成长为伟大的歌剧演唱家。

但是,如果你在声线方面是块璞玉,那么就要做好准备接受艰辛而漫长的雕琢。尽管有些演唱家的音乐专长是在进入大学之后才初现端倪,但绝大部分的歌剧大师从小就开始磨炼自己的歌唱技巧——他们的童年时光几乎都在音乐学校中度过。

在长达四小时的歌剧表演里,你要运用声乐技巧,生成美妙的可以在高、中、低音域内来回切换的嗓音。你的嗓音必须足够强劲有力,确保即使整个管弦乐队都在演奏,你的歌声也能够被人们听到。

不过,嗓音的训练只是歌剧演员训练的一个方面。你还要学习音乐理论、音乐史,学会如何读谱并掌握全方位的表演技巧。你还需要掌握特殊的记忆技巧来应付大段剧本。哦,同时掌握法语、德语、意大利语和俄语也会对你非常有利——知道自己唱的是什么终归是开心的。如果一切都准备妥当了,那么就等着人群的欢呼吧,他们会大叫着"再来一曲"!

实现这个梦想可能需要非凡的毅力和耐心,但正如俗语说的,胖妇人未唱歌前,一切不会结束。

29 打败情圣卡萨诺瓦

这是什么? 成为拥有终极魅力的男神。

为什么你还不去做? 你恐怕没这么有魅力吧……

贾科莫·吉罗拉莫·卡萨诺瓦于 1725 年出生在威尼斯。落在他手中的姑娘保守估计已达 122 个,因此他也被认为是历史上最多情的人之一。如今,他的名字已成为生活杂乱而不知廉耻的男性的代名词——所以你该如何追随他那充满魅力的脚步呢?

卡萨诺瓦的生活可谓多姿多彩,集学者、律师、教士、图书馆馆员、战士、赌徒、音乐家和间谍于一身,还在监狱里蹲过一段时间。但毋庸置疑,他最擅长的领域在于勾引。对于多情之人而言,快乐就是一切。正如他自己所说:"培养一切能使感官得到愉悦的事物,是我毕生的主要事业。"总之,在他眼里,勾引女性不是消遣,而是工作!只要有机会,他随时准备出击。

卡萨诺瓦从来不低估魅力的力量,并且坚信"赞美"这一手段永不过时。卡萨诺瓦拥有威尼斯人特有的温文尔雅,同时也知道如何让女人开心。他专攻处于不幸福婚姻中的女性,并且能巧妙感觉出谁对他有意思。一般来说,他喜欢夸聪明的女人美丽,夸美丽的女人聪明。

他会预订昂贵的酒店,在烛光漫漫、香水弥散的房间里调动情绪。他也会举行奢侈盛宴,以朗姆酒或香槟,还有大量的牡蛎和巧克力(这两种食物都被人们认为能激发性欲)来招待他的女性朋友。

卡萨诺瓦从不停留在一个地方。威尼斯、那不勒斯、君士坦丁堡、巴黎、阿姆斯特丹、伦敦和圣彼得堡都留下了他的身影。每到一处都至少与一个女孩约会——任何类型的女性他都会考虑——包括女仆、女演员和修女。坦白说,他就是通吃!

如果你以超过卡萨诺瓦的情人数量为目标,请务必记住,在我们所生活的时代,安全性行为可比 18 世纪要重要得多。

最后,还得提醒你,这位大情圣最终孤独终老,而且屡次自杀。

30 将鲨鱼"催眠"

这是什么? 将海洋中最凶猛的食肉动物之一——鲨鱼催眠,实乃绝技。

为什么你还不去做? 首先你得能够接近鲨鱼,还要保证不被当作美食吃掉。

鲨鱼是海洋中的顶级掠食者,关于鲨鱼的电影如《大白鲨》《深海巨鲨》,都展现了鲨鱼的巨大攻击力。但就是有人胆子大、爱挑战,他们不仅能与鲨鱼在水中安全同游,还能将鲨鱼催眠。如果你想尝试这项绝活,与鲨鱼来个亲密接触,那么接下来的内容会帮上忙。

鲨鱼生长于近海沿岸区域,活动范围广泛,但为个人安全起见,选择催眠鲨鱼的地点还是在海洋公园为好。鲨鱼在饥饿状况下会攻击人类,所以要保证你遇到的这条不是"饿鲨"。此外,人在水中用力踢打和拍击造成的水振动、水中有被刺伤的鱼或诱饵以及伤口出血等均会刺激鲨鱼。在进行这项活动时,这些情况都要尽力避免,如果你想潇潇洒洒地从水中出来的话。同时,记住不要佩戴珠宝首饰,不着色彩明亮的衣服,或是其他能反射阳光的东西,这些可能会引起不必要的麻烦。

在进行这项极具挑战的任务之前,你最好先练好游泳,以便紧急状态下逃跑。让有经验的鲨鱼驯养员或鲨鱼专家跟随,也会让你放轻松不少。据有经验的鲨鱼专家讲,"制服"鲨鱼的软肋在于——鼻子。我们可以借鉴意大利女潜水教练克里斯蒂娜的做法。

克里斯蒂娜被称为"鲨语者",她使用一种鲜为人知的"驯鲨术",通过用手掌抚摸和摩擦鲨鱼鼻子、嘴巴周围数百个名叫"劳伦兹壶腹"的灵敏毛孔,使鲨鱼陷入一种"催眠"的状态。这些"毛孔"是鲨鱼的感觉器官,能起到"电子接收器"的作用,使鲨鱼通过身体周围电磁场的细微变化,探测到猎物的位置。然而,由于某种未被知晓的原因,用手摩擦鲨鱼嘴巴和鼻子周围的"毛孔",能让凶猛的鲨鱼陷入一种动弹不得的"瘫痪状态",温顺得如同"入睡的婴儿"一般。

当克里斯蒂娜用手掌抚摸的方法将鲨鱼"催眠"后,她甚至能用手托着鲨鱼的鼻子,将鲨鱼头朝下、尾朝上地垂直倒立起来。当鲨鱼在克里斯蒂娜的手掌中一动不动时,在旁观者眼中,就好像它已在克里斯蒂娜的安抚下睡着了一般,这种"睡眠状态"会持续15分钟左右。

你敢去做吗

　　记住，一定要小心翼翼地靠近鲨鱼，用手轻轻地触摸它的眼睛周围的口吻部，让它平静放松下来。这种"放松静止法"让鲨鱼的身体变得瘫软，处于一种浑然不觉的状态。

　　鲨鱼在这里展现出的脆弱一面，也被一些科学家称作"紧张性麻痹"或"假死"——一种由轻抚鲨鱼鼻头而造成的暂时麻痹状态。这一效果可维持大约 15 分钟，并且对鲨鱼是无害的。虽然至今仍无法对鲨鱼的这一麻痹反应做出科学合理的解释，但海洋专家们相信这可能是鲨鱼自身的一种防御机制。

　　鲨鱼催眠不只是一个"参与式"挑战，它还具有现实层面的意义。鲨鱼处在海洋生态系统食物链的顶层，却处在人类经济利益链的底端，尤其近些年来数量锐减，全球动物权益保护者呼吁保护鲨鱼。催眠鲨鱼，可以使鲨鱼专家更加方便地收集鲨鱼数据而不会对鲨鱼造成更多的痛苦与伤害，而如上，克里斯蒂娜每将一条鲨鱼"催眠"后，也鼓励游客和潜水学员亲手抚摸鲨鱼的皮肤，让他们更近地了解这些海洋"掠食者"的秘密世界。

　　不过，尽管克里斯蒂娜和鲨鱼打交道超过了 15 年，但她到水下"催眠"鲨鱼时，仍会穿上一件防止被鲨鱼咬伤的"锁子甲保护服"。此外，还有必要佩戴铁丝手套，防止被鲨鱼咬住。所以，作为我们这样想亲近鲨鱼的"小白"，做好防护准备是保证不被鲨鱼吃掉的重要一步。

31 挑战千里眼

这是什么? 人眼看到千里之外发生的事情。

为什么你还不去做? 先测测你的视力能达到多少吧。

"千里眼"出现在诸多神话传说中并让人印象深刻,中国古代神话故事中的"千里眼",孙悟空的"火眼金睛"等,用一双眼睛就能看到千里以外的事情。随着科技文明的发展,利用智能工具可以达到"千里眼"的功能,但人们对不借助外力挑战人眼极限的尝试,一直没有间断。

人类对千里眼一直怀着美好期待,但人类裸眼的分辨能力是有限的。正常视力的人,其分辨率约为两千分之一至五千分之一,明视距离为 25 厘米,4 千米以外的景物不易看到,大于 500 米时,只能看到景物模糊的形象,缩短到 250 米至 270 米时,能看清景物的轮廓,若是花木种类的识别,则要缩短到几十米之内了。

现实生活中,视力最好的飞行员可达到 2.0。但相传在非洲,一个神秘部落的马赛人视力高达 6.0。这源于 1972 年斯图加特大学教授报道发现的一个秘密,他的学生罗尼克能够辨认一英里以外的人,视力比常人好 20 倍,罗尼克就是来自非洲肯尼亚南部的马赛人。对世界上视力最好的人种的研究就此揭开。

日本媒体曾专门前往马赛报道,有挑战视力"8.0"奇迹的新闻。据说,马赛人能够看到几千米以外的物体,识别物体瞬间移动,在黑暗中也能清楚地看到几十米以外的物体,可以说是传说中的千里眼。研究推测,这和他们终日放羊牧马、奔跑狩猎等生活习性有关,优良的视力基因在这种训练优化中得以保存。

如果你的家族有良好的视力基因,或者你本身视力非凡,你可以挑战一下分辨 500 米以外的事物细节。在进行尝试的前几天,要坚持一定的训练,比如,每天观察远处的树木,分辨树叶的摆动方向等。此外,你要保持良好的饮食、睡眠和用眼习惯,这对眼睛的放松和视力恢复很有利。

科学家还进行过有关千里眼的超心理学研究,利用人的心理感应,被实验者"看到"了几百千米外发生的事情,这类实验进行多次,原因神秘而无解。你可以进行一项自我测验,隔绝外界干扰坐在房间中,"遥视"与你约好的朋友正准备来你家中,手上拿了什么东西,脸上什么表情,如果你能"看到"发生的一切,那真的就是天赋异能的"千里眼"了。

32 乘坐空军一号

这是什么? 与美国总统共乘专机。

为什么你还不去做? 这架飞机的机票不是谁都能买的。

事实上,空军一号(Airforce One)是美国总统所乘坐的任何飞机的呼叫代号。但在实际操作中,空军一号通常是指两架波音 747 飞机,尾部的编号分别为 28000 和 29000。这两架飞机作为"空中白宫",几乎算得上是世界上最安全的地方了。当然,想登上它,那可不是件容易的事。

富兰克林·罗斯福开启了总统专机传统。但由于空间限制,空军一号只能承载大约 70 名乘客。所以想要经常坐,最好的途径就是成为总统。当然了,你想一睹总统专机内部的愿

望并不会让你直接当上总统（关于更多当选总统的办法，请翻到第 94 页）。万一你成功了，飞机上可是应有尽有，包括卧室、浴室、办公室和迷你健身房——请尽情享受吧。

除此之外，你还有另一个选择，那就是成为总统的家庭成员或是特别邀请的客人。乔治·沃克·布什总统的客人名单里就包括他的宠物猫和狗。

如果你是总统工作人员中相当重要的一员，那你将获得乘坐空军一号的"机票"。级别最高的人甚至还能拥有自己的专用办公空间和会议室。即使你的"权势等级"很低，也依然能享受到头等舱的舒适环境，包括宽敞的工作空间。

被选中的记者也可受邀登机，在飞机的后门附近有一处区域是专门给媒体准备的，席位数量通常是 13 个。不同的航班配备不同的随机记者——只有路透社能够在所有的总统航班上都保留一名指定的记者和摄影师。你还可以尝试一下其他专业人员的角色。飞机需要一个飞行员和副驾驶以及 26 名军事人员。同时，随行的医生要常伴总统左右。整个机组的安全还需要由一组美国特勤局（Secret Service）的武装人员来负责。

任何登机的人都将经历最严格的安全检查——看过 1997 年的电影《空军一号》（Airforce One）的人都知道，如果试图偷偷摸摸地溜上去，那准没有好结果。

对了，忘了提醒你，没有人会空手离开空军一号——在飞行结束时所有的乘客都将获得一个证书和一个限量的总统定制版 M&M's 巧克力盒。

33 获得诺贝尔奖

这是什么? 世界上最享有声望的荣誉。

为什么你还不去做? 只有真正的精英才能获此嘉奖。

诺贝尔奖于 1901 年首次颁发,如今诺贝尔奖涵盖的领域包括物理学、化学、生理学或医学、文学、和平和经济学。毫无争议地说,诺贝尔奖是世界上名望最高的奖项,获奖者将获得奖牌、证书和可观的奖金。实际上,奖励远不止这些,因为诺贝尔奖代表着百世流芳。

据说,瑞典的炸药发明家阿尔弗雷德·诺贝尔在他兄弟的葬礼上"有幸"读到了自己的讣告。这一次意外让诺贝尔开始思考自己死后究竟会被如何缅怀,震惊之余,他成立了诺贝尔奖以奖励造福世人的伟大成就。如果你渴望在诺贝尔奖中享有一席之地,那就得在自己的工作领域脱颖而出,除此之外,这里还有一些"获奖指南"需要记住。

首先,做重要的事情,真正重要的那种。为人权事业蓄势待发,为世界摆脱核武器的威胁而助一臂之力,或者解决巴勒斯坦问题,终结饥饿,找到治愈艾滋病的特效药或全球变暖的解决方案,诸如此类。

为了获得成功,你首先必须获得提名,但不能毛遂自荐:每年的 9 月,各个诺贝尔委员将与成千上万具有评选资格的个人联系,并邀请他们提交候选人名单——获奖者便从中选出。可是这个过程很难做到万无一失——比如约瑟夫·斯大林就被提名两次,而圣雄甘地虽然被提名 12 次却从未获得和平奖。

历史的进程总是缓慢,所以诺贝尔奖也常被授予几十年前取得突破的人。平均而言,你至少得等到 50 岁才有机会得奖。物理学奖获奖者的平均年龄最低(54 岁),而经济学最高(67 岁)。当然,年龄不应该被视为一个重大因素。最年轻的诺贝尔奖获得者是 25 岁的劳伦斯·布拉格(他和父亲一起在 1915 年获得了物理学奖),最年迈的则是里奥尼德·赫维克兹,2007 年时他以 90 岁的高龄赢得了诺贝尔经济学奖。不幸的是死亡将会使你与诺贝尔奖无缘——追授奖项自 1974 年以来就不再提倡,荣誉也只能颁发给那些在奖项公布后才去世的人。有两例此类情况:1996 年的威廉·维克里(经济学奖)和 2011 年的拉尔夫·斯坦曼(医学奖)。

美国人似乎在诺贝尔奖上享有得天独厚

你敢去做吗

精英中的精英 诺贝尔奖颁奖典礼于每年 12 月 10 日在斯德哥尔摩音乐厅（Stockholm Concert Hall）举行。和平奖典礼则在奥斯陆市政厅（Oslo City Hall）举行。在斯德哥尔摩，瑞典王室会以颁奖嘉宾身份出席。

的获奖优势：1901 年至 2010 年，共有 840 个个人和组织获得诺贝尔奖，其中有 328 位来自美国。第二多的是英国人（116 项），接着是德国人（102 项）。

根据数据显示，如果你是男性，你的优势将非常大，因为只有 41 项诺贝尔奖被授予了女性（居里夫人占了两项）。如果你的工作伙伴是家庭成员，那么获奖的概率会降低——多年来，只有四对已婚夫妇、一对母女、一对父女、六对父子以及一对兄弟获得荣誉。委员会

并不需要每年都颁奖，如果没有合适的人选，奖项会暂时空缺。比如世界大战期间授予的奖项会少很多，尤其是和平奖（这并不奇怪）。看来想要角逐诺贝尔奖，还得规划一下时间，最好能遇上相对和平的年月。

要注意的是，尽管诺贝尔奖的奖金高达 150 万美元，却并不能保证你衣食无忧。四名入围者（三位来自希特勒当政时期的德国，一位来自苏联）曾经被迫放弃奖金。此外，三名获奖者的领奖时间与被捕时间重合，包括和平奖得主昂山素季。

最后，如果你成功获得过一次诺贝尔奖，那千万不要停下来。要知道历史上曾经有四个人和两个组织获得了两次以上的诺贝尔奖。下个人说不定就是你呢！

你敢去做吗

34 在奥古斯塔国家球场打上一轮高尔夫

这是什么? 在世界上私密性最强的球场打一轮高尔夫。

为什么你还不去做? 除了手脚灵活、球技高超，你还得有权有势。

自 1934 年以来，佐治亚州的奥古斯塔高尔夫球俱乐部（Augusta National Golf Club）一直为每年的美国大师赛（US Masters Tournament）提供场地。它是世界上最受欢迎的球场，也是管理最为严格的球场。对于许多"周日球迷"而言，所谓的终极高尔夫梦想，就是能在那儿玩上一轮。

奥古斯塔国家高尔夫球场由鲍比·琼斯和克利福德·罗伯茨建造于 1933 年，凭借其精细修剪的草坪以及富有特点的赛道（如"阿门角"）和建筑（如"鸦巢"）而被誉为高尔夫传奇之地，如今已有 300 名独家会员，囊括了美国各大企业的首要人物（比尔·盖茨和沃伦·巴菲特都是会员）。

对于具体的会员费，该俱乐部一直讳莫如深。鉴于其巨大的收入流，尤其是从美国大师赛中获得的电视转播权，人们认为会员费用"五位数出头"是比较合理的。据内部人士透露，每位会员将获得一件印有俱乐部标志的绿色运动外套，美国大师赛冠军也会获得一件。

然而，想要获得会员资格不是一件简单的事。因为它并不接受申请，你只有"受邀"才能加入。你也不能表现得过于热切——据说，比尔·盖茨的会员资格花了好几年才得到，就因他曾大言不惭地在公开场合声明他渴望加入该俱乐部。如果你是一位女性，最好还是放弃吧——这是一个严格遵循"只限男士"的俱乐部!

如果你得到了会员资格，你需要秉持一定的礼仪标准。若你变成了"球场古惑仔"（Happy Gilmore），一打到草皮就情绪失控，会员资格将面临被吊销的危险。如果你还不是会员，你可以与其中的某位会员成为朋友，并寄希望于他能带你打上一两回。不过要注意，不要因此成为别人眼中的"跟踪狂"。

对于大多数普通人而言，成为会员实在是可望而不可即，且短时间内也不能指望盖茨会打来电话，那还有其他的方法吗？答案是加入美国大师赛。你只要成为世界前 90 名的球员（根据目前的排名和过去的比赛成绩），就拥有了参赛资格。如果你是真的想走这条路，那你最好出门去练习挥杆而不是在这儿翻看这本书。但是即使你在大师赛中获胜，享受的特权

有人开球吗? 传说中的奥古斯塔球场地图。阿门角是最具挑战性的赛道之一，包括第 11 洞的第二杆位置、第 12 洞赛道的全部以及第 13 洞的发球台。许多人在这里经历了比赛的大起大落。

北

⑨ 球洞编号
4 标准球洞

你敢去做吗

也十分有限——只有在赛前的周日才能来，并且每年一次。

成为俱乐部的员工也是一种选择——雇员在付费后可以享受一年一次的高尔夫课程。外部公司会为俱乐部招聘球童，但申请过程很艰难，竞争十分激烈。值得一提的是，在美国大师赛中，参赛选手可以带自己的私人球童，男女不限。俱乐部同时在每年的 5 月还会雇用约 400 名志愿者，他们也能获得上场机会。然而，志愿者的候补名单一长串，而且据传闻这条路不久后也将被完全关闭。

此外，你还可以成为高尔夫记者或现场评论员——大师赛之后，有一轮给媒体人的抽签赛。被抽中的 32 名记者将有机会在这个传说中的高尔夫球场打上一轮。

如果一切都以失败告终，你可以试试在奥古斯塔国家俱乐部附近转转（这里相对开放一点儿）。俱乐部的会员在最后几分钟退出的情况并不少见，因此有时会需要替补上场——说不定此时你正好在场外，那个被选中的人就是你！

请记住，如果你真的有幸在这神话般的球场上挥杆，千万不要被马克·吐温那句不朽的名言所左右，说出打高尔夫是"被毁了的散步"这样的话来。

35 斗牛

这是什么? 打败一头令人害怕的公牛。

为什么你还不去做? 有谁真的愚蠢到想要面对这种重达半吨、长着尖角还怒气冲冲的动物吗?

欧内斯特·米勒·海明威曾经将斗牛描述为"唯一一种需要艺术家置身于死亡危险中的艺术,同时它的精彩程度取决于斗牛士的荣誉感"。尽管斗牛可能永远无法摆脱其残忍的名声,但依然有无数的支持者为之疯狂,他们坚信这是一项真诚无畏的艺术性运动。

最古老的斗牛竞技场在时间上可以追溯至1765年,如今,你尚能在塞维利亚找到它的一点儿遗迹。目前规模最大的斗牛竞技场位于墨西哥,它可容纳高达50000多人同时观看比赛。对许多人来说,这样的运动早已过时,但对此激情满满的粉丝在数量上依然不可小觑。不管你对这项运动的"合理性"有何看法,你都必须承认它可不只是在公牛面前挥舞着红布那么简单。如果你想认真训练斗牛技巧,那就做好准备,前往西班牙、葡萄牙、法国南部或南美洲的训练基地吧。

斗牛士需要随时保持肢体的协调,同时还要将优雅、力量和艺术融为一体。当然,勇气也必不可少,因为斗牛士不仅要面对公牛,还要展现出那件勇者之衣(光之礼服)的华丽夺目。想要成为职业的斗牛选手,第一步是拜师学艺。可怜的工资、长时间的训练以及频繁的受伤是初学者的家常便饭。最开始,你会参加一些小型的地方性比赛,并积累一些支持者。

如果你同时具备高超的技术和不懈的努力,名声和大把的钞票迟早会送上门来。

斗牛士需要掌握许多技术用语。初学者要记住,斗牛本身被称为corrida,斗牛场是plaza de toros,斗牛士为toreador或matador。

斗牛通常在午后进行,共六场。共三个斗牛士,每个人对付两头公牛,每头重约450千克。比赛分为三个不同的阶段:

· Tercio de varas——斗牛士和公牛首次相遇。斗牛士使用洋红色布和金色披风来揣摩公牛的动作和回应。然后两位骑着马的斗牛士助手用长矛来减弱公牛的战斗力。

· Tercio de banderillas——三位"花镖手"徒步上场,将带倒钩短标枪刺入公牛的脖子。

· Tercio de muerte——主斗牛士手持经典的斗牛专用红布(muleta)在公牛前方晃动来激怒它,最终用弯刀刺死公牛。当然,事情并不总是如此顺利,有时候反倒是斗牛士自己被牛角刺穿。

36 成为美国总统

这是什么? 成为世界上最有权势的人。

为什么你还不去做? 华盛顿政坛的水很深。

2009 年 1 月,奥巴马正式入主白宫,成为美国第 44 任总统。尽管当时美国的全球影响力如流沙般变幻莫测,但身为美国政府的最高领导,他依然可以算是地球上最有影响的人。那么,如何才能像他一样呢?

首先,并不是谁都能成为美国总统。根据美国《宪法》第二章,要成为总统,你必须是:

· 美利坚合众国出生的公民。

· 至少 35 岁(除非你的智慧超凡)。

· 一直居住在美国,或者在过去的 14 年里一直居住在美国的境外领土上。

如果符合条件,那么你该考虑清楚是否真的想要这份工作。这可不是乘坐着豪华轿车到处转转,会见一些名人之类的简单工作。你可以想象一下,当上总统后,你的生活将实时向新闻界和你的政敌开放,全天候受全副武装的警卫保护,并对是否发射核导弹做出最后决定——然而你只能拿到微薄的 40 万美元的年薪。

还有,你符合典型的总统形象吗?迄今为止,历届美国总统都是男性——尽管希拉里·克林顿在 2016 年差点儿就打破了这条"规则"。哈佛是诞生总统最多的大学,并且总统就职的平均年龄还不到 55 岁。

比起美国其他州,更多的总统(准确地说,是 8 个)在纽约被登记为选民,8 个出生在弗吉尼亚州,25 个曾当过律师(志存高远的总统的主要职业),6 个曾是职业军人,另有 25 个曾在武装部队服役,14 个曾担任过副总统。

一旦开始竞选,你将需要非常擅长筹集资金。据估计,在 2012 年竞选期间,奥巴马和他的对手米特·罗姆尼总共花了 60 亿美元来拉选票。各党派候选人的初选和党内选举从选举年的 1 月开始。传统上,新罕布什尔是选举投票的第一站,因而会吸引大规模的媒体报道。在这里,要么打响头炮,要么开个坏头,但你肯定不想出师不利吧?

竞选让人精疲力竭,对于家庭生活而言并非好事。因此,在竞选期间你需要获得家人的理解和支持。除此之外,你还要组建一支杰出的团队,包括顾问、演讲稿撰写人、媒体公关和策略制定者(如果你看过《白宫风云》,你

你敢去做吗

美国标志 亚伯拉罕·林肯于 1809 年出生在一间小木屋里，并在 1861 年正式成为美国第 16 任总统，这也许是美国梦最好的证明——任何人都有可能入主白宫。虽然他在 1865 年被约翰·威尔克斯·布斯所暗杀，但他仍然是一个标志性人物，因为他在整个美国内战期间消除了奴隶制并维护了联邦统一。

肯定对总统约书亚·巴特勒那表现优异的幕僚团队记忆犹新）。

获得你所在政党的提名后，挑选一个能弥补你缺陷的竞选伙伴。记住，如果你赢了大选，但在执政期间去世，他将会接手美国政府——所以尽量确保他拥有足够强的管理国家的能力。

在 11 月选举到来之际，要多亲亲婴儿，保持亲和的形象，尤其要避免失态。1992 年，副总统候选人丹·奎尔在访问一所小学时错拼了"potato"（马铃薯），整个场面非常尴尬。乔治·沃克·布什也遭遇过类似的事件（当然，最终他还是当选了）。

记得多与媒体交朋友，不管对你来说是多么痛苦。竞选背景尽可能清白，不要有太多的丑闻。1988 年，加里·哈特似乎对民主党的选票非常放心，但被指控涉嫌婚外情之后，竞选前程就此白白断送。四年后，比尔·克林顿使尽浑身解数，设法摆脱了与模特珍妮弗·弗洛沃斯的绯闻。克林顿克服谣言的能力证实了一句至理名言："说到底这是钱的问题，傻瓜。"这是克林顿竞选策略制定者詹姆斯·卡维尔所宣扬的观点。无论发生什么，人们最担心的永远是口袋里的钱。

最后，请记住，成为总统，你需要赢得的是总统选举团中的绝对多数，而非民众投票的绝大多数。所以在竞选游说过程中要精心布局。2000 年，乔治·布什虽然输了选民票，但他比民主党对手阿尔·戈尔多争取到了几张选举团中人的票，因此最终当选。

不要对当上总统后的生活抱有任何幻想。正如托马斯·杰斐逊的讽刺所言："谁也别指望带着他赖以上台的好名声卸去他的总统职务。"

你敢去做吗

37 人质谈判

这是什么? 与绑架犯进行"生死谈判"。

为什么你还不去做? 这是一个高风险的博弈,你需要有非凡的沟通技巧和钢铁般的坚定意志。

人质谈判专家是常人所无法想象的高压力工种——谈判者要努力确保人质对峙能够最终得到和平解决。成为一名谈判专家,你需要在极度紧张的环境下保持才思敏捷,同时拥有乐观的态度,让自己能最大限度地争取到好结果。

要成为一名专业的谈判者,你需要学习多项课程并取得相应资质。但更重要的是,你需要拥有危机处理的实战经验。执法部门很可能会在你到来之前就已经在场,学会从他们身上获取尽可能多的信息,但要记住,你不是他们中的一员——你的工作是中间人,你的目标是让处于人质劫持事件中心的绑架者和人质都冷静下来。

第一步,找出谁是劫持者以及挟持的动机。家庭纷争最常见,大部分情况下都是情绪失常的个人挟持着家属。劫持者很可能焦虑不安,并且孤注一掷,但其实这样更有利于你发挥。如果凶手带有某种政治目的,则"谈判成功"的机会就会减小许多。谈判的时间少则几小时,多则数天甚至更多。

不要与劫持者公开争论,也不要拒绝他们的要求——不管是多么无理的要求。你肯定不希望风险有一丝一毫的增加。相反,要以讨价还价的方式来满足挟持人质者的要求。虽然多数国家政府采取的立场是不接受与绑匪达成交易,但谈判要做的就是找到回旋的余地。

总之,谈判的时间拖得越长,则挟持者妥协的机会越大,所以要尽可能拖延时间。不要问能够简单地以"是"或"否"作为回答的问题,要告诉劫持者,你需要与上层领导确认他的请求能否成立并借此争取时间。尝试赢得劫持者的信任,并随时评估劫持者的心理情况。想尽一切办法确保人质的安全,如有必要,为他们争取到食物与药物。抓住机会让劫持者释放一些人,这样不仅能让他们脱离生命危险,还能获得一些现场的确切信息,万一执法人员需要武装突入,人质肯定也是越少越好。

38 成为炼金术士

这是什么? 解开制造黄金的秘密。

为什么你还不去做? 合成制出数量可观的黄金依然是个遥不可及的梦想。

虽然人们普遍认为炼金术在中世纪的欧洲达到顶峰,但它的起源可以追溯到远古时期的伟大文明。许多人耗尽一生都在追寻传说中的"贤者之石",因为他们相信这块石头不仅能让人长生不老,还能点石成金。

炼金术一直与时俱进,在中世纪,它将新兴的化学知识与复杂的精神信仰体系互相结合。许多著名的科学家对此抱有极大的热情,其中就有第谷·布拉赫和艾萨克·牛顿爵士。然而,就我们所知,至今"贤者之石"尚未被发现——就算真的有人找到了那块传说中的石头,他们一定没有告诉任何人,而是直接销声匿迹,在地中海的一艘游艇上逍遥自在地生活。所以,你能成为将铅块转变为黄金的那个人吗?

如果你想走传统路线,那就先从研究历代大量的相关书籍开始。对任何刚入门的炼金术士而言,一个积满灰尘的图书馆必不可少。图书馆还可以作为实验室使用,里面要摆满奇形怪状的玻璃器皿,器皿里还要装着冒泡的神秘药水。但炼金术并不只是与化学有关——它还富有象征意义,而且需要你独自研学。说不定等你长出了花白的胡子,仍然一无所获。届时你可以一边沉迷于创造伟大的神秘之物,一边用手指意味深长地拂过胡须。

然而,现代物理学和化学为我们提供了一种新的"炼金术"——这次的主角是令人着迷,却又带有剧毒,同时性质还极不稳定的液态金属汞。金和汞就像化学界的表兄弟——它们在元素周期表上彼此相邻,原子序数分别为 79 和 80。因此,在某些情况下,汞确实可以转化为金。

相近的原子序数表明它们具有相似的原子结构。汞的原子序数更高,这说明它比黄金多了一个带正电荷的粒子(质子)和一个带负电荷的电子,如果把这两项剥离,你就能得到黄金。科学家通过在核反应堆中用高能粒子轰击汞原子已经证明了这一点,但生产成本远远超过了黄金的市场价值。所以,目前要将汞变成黄金,你最好坚持用试管、镊子、研棒、研钵和蒸馏器进行实验,最重要的,练好手速吧。

39 寻找天然珍珠

这是什么？ 自然界最令人赞叹的礼物之一。

为什么你还不去做？ 天然珍珠非常稀少。

人类将珍珠视为珍宝的历史已逾四千年。埃及艳后克里奥佩特拉（Cleopatra）就曾举办过"世上最昂贵的晚宴"，当时她将自己最宝贵的一颗珍珠溶解在盛有酸葡萄酒的高脚酒杯里，并一饮而尽。然而，如今世界上交易的珍珠几乎都是人工养殖的品种，天然珍珠与以往相比更加可遇而不可求。

珍珠是大自然意外的产物。当刺激物（如寄生虫）进入软体动物（如牡蛎）的组织后，软体动物会在入侵者周围分泌珍珠质（碳酸钙的一种形式）保护层。经过几年，层层累积起的珍珠质就形成了一粒美丽且闪耀的珍珠。

诗人约翰·德莱顿曾经写道："欲寻珍珠，须潜水下。"在一个世纪以前，珍珠的发现要么靠运气，要么由经过专门培训的潜水员潜入海底去打开大量的牡蛎壳，希望最终能够找到一粒珍珠。美丽的珍珠光芒四射，然而采集的危险和难度却不低，难怪它们如此宝贵。世界上很多地方都有专门的采珠产业，但大多数集中在印度洋海域。

20 世纪初，一位名叫御木本幸吉的日本商人改变了一切。为了满足市场的需求，他开创性地采用合成方法来养殖珍珠。最终，市场上的珍珠数量多了起来，价格也因此下降，就连普通的老百姓也能负担得起。但很少人会推荐人造珍珠，毕竟无论是质量还是光泽，人造珍珠都无法与天然珍珠相媲美。

如今，在巴林海岸、澳大利亚以及美国一些大型河流附近还是会有一些人潜入水底寻找天然珍珠，但总的来说，已经非常罕见了。要找到天然珍珠，你需要下潜 30 米甚至更深，并承受所有随之而来的风险。如果你打算潜水以寻找珍珠，请确保你已经接受了足够的训练并且拥有一定经验，准备好合适的设备，同时别忘了让一个值得信赖的同伴时刻留意着你。

你有可能需要打开超过一吨的贝壳才会发现三四粒珍珠，虽然很辛苦，但回报很高——2007 年，一条双层天然珍珠项链竟拍出了700 万美元的高价。

40 驯马

驯马的过程就是使马匹接受骑师并对他们的命令做出回应。从长远看来，驯马的成功与否，决定了你能否拥有一匹雄赳赳气昂昂且有求必应的马。尽管驯马术各式各样、大相径庭，但归根结底最重要的还是交流。

马到了两岁，才能开始训练，并且你还要确保它在每一个训练阶段都是开心的。一旦开始训练，你的这位四条腿朋友将经历前所未有的全新体验。而当训练结束时，你会希望它对你已经产生了绝对的信任。所以不要着急，慢慢来。通常情况下，驯马需要经历几周甚至数月的等待。

如果有可能，在驯马过程中尽量与教练和助理搭档。在驯马的第一阶段，你要将加长的"套马索"给马头套上。然后使用简单的命令（如"吁""驾"和"回来"），引导它沿着马厩来回走。进展顺利时要及时嘉奖，如果没有得到积极回应也不要灰心丧气。如果你察觉到马累了或厌倦了，就终止训练。

一旦马开始遵循这些命令，骑具就可以派上用场。你应该先让马习惯缰绳和挂在两侧的马镫，最后再将马鞍安上。一开始马会对这个沉重、怪异的东西感到不安，但坚持下去就好了。

有些骑师喜欢将自己搭在马鞍上，横躺着试骑。这是为了保证骑师在发生意外时，能够安全并且快速地撤下马背。下一阶段就是坐在马背上——脚踩马镫，慢慢上去，但身子的重量不要压在马鞍上。尝试着安慰一下马，并且夸赞几句，此时身体的重量可以慢慢向马鞍处移动。如果你的坐骑依然保持镇定，那就试着走上几步吧。

在马背上坐稳之后，就可以继续接下来的训练，但不可用力过猛，每天进步一点点是不二法门。这一阶段，你要开始将口头命令与适当的动作指令加以配合。开走，轻蹬腿；立定，轻拉缰绳。尽量使口头指令与动作指令同步。合适的时候，你不妨试着移除套马索，培养骑师和马的感情——这才是见真功夫的地方！

41 驯鹰

这是什么? 对世界上最骄傲的猛禽发号施令。

为什么你还不去做? 人鸟之间的联系需要多年才能建立。

放鹰捕猎是一项古老运动。如果你曾有幸见到过训练有素的猎鹰是如何追逐野外猎物的,那就肯定不难理解为何有这么多人沉迷于此。然而,这样的消遣需要巨大的投入,尤其是时间和金钱——难怪长久以来,该项运动专属于皇室和贵族。

在开始驯鹰之前,你要考虑的第一件事情是法律问题——务必查看当地与猛禽、狩猎和猎物相关的立法。你很可能需要通过正式考试,并且需要申请特定的许可证(这几乎是肯定的)。做做研究,多阅读相关书籍,参与实践课程,同时请教有经验的驯鹰人——猎鹰可不是家养的宠物。

在美国,个人能够饲养的雏鹰仅限于红尾鹰和美洲红隼。同时,英国驯鹰人俱乐部(the British Falconers' Club)建议初学者应从红尾鹰或哈里斯鹰入手。初学者的鹰类几乎都是人工繁殖的。你需要给猎鹰准备一个舒适的住处(称为鹰笼),并购置一系列的物品包括脚带(鹰腿部用的皮带,用来收放猎鹰)、铃铛以及让猎鹰镇静下来的头巾(这在早期训练中是必备物品)、身份标识和栖木,还有最重要的——用来保护你的厚手套。

驯鹰的第一项任务就是使猎鹰"通人性",你要让它与人类熟络起来。在拳头处(记得戴手套)放置一小块肉并鼓励它在此驻足。用嘴唇或舌头发出有辨识度的声音,或者吹口哨吸引猎鹰过来吃,以此使某种声音与食物相挂钩。一旦信任的纽带形成,就可以将你的猎鹰带到更广阔的世界里,当然那里也存在更多的干扰,比如狗、交通工具和其他人类。

一旦猎鹰习惯了从手套处进食,你就可以开始用一种更长的"细绳索",训练猎鹰从栖木飞出 30 米远并立刻返回到你的手中。下一阶段是用诱饵来训练,在绳子上挂上很轻的食物,等你能熟练地晃动诱饵,你就可以训练猎鹰从远距离快速俯冲猎食。

最后,准备好自由放飞。此时猎鹰完全不受限制,自由翱翔。当然,为以防万一,驯鹰人最好给猎鹰配备一个无线电跟踪传送器。

你敢去做吗

42 练习柔术

这是什么？优雅的柔术。
为什么你还不去做？你脊柱
的弹性真的有那么好吗？

可能并不是每个人都喜欢柔术，但如果你偶尔好奇坐在自己的肩膀上是什么感觉，那么你心中的柔术演员之魂可能就要被唤醒了。想要成为柔术演员，一要尽心尽力，二要沉得住气，三要身体柔韧。

如果想习得柔术技巧，你的脊柱需要拥有超强弯曲能力或延伸能力——总之就是要让身体做出它本来做不到的动作。在练习柔术的过程中，你的身体会摆出让你时刻充满惊喜的造型，但也要做好心理准备，有些动作你可能暂时还做不了。同时别忘了享受过程——柔术是缓解压力的好方法。柔术不分年龄，但通常年龄越小，就越容易学会。

慢工出细活，你可以每天做些日常的伸展训练以锻炼身体的灵活性和柔软度。瑜伽是个不错的选择，在尝试任何高难度动作前的一个月好好练练瑜伽将大有裨益。一旦开始认真训练，在正式进入主题前，你也要至少做个 15 分钟的热身。对饮食要格外关注，多吃水果和蔬菜，适量吃肉，最好是瘦肉——以保持身体脂肪处在最低安全标准。喝大量的水，但在活动前的一两个小时里不要进食。

训练时，给自己足够的空间并确保训练区域阴凉通风。为达到专业水准，每天训练三个小时，最好分三个时段（上午、下午和晚上）。不要偷懒——有人说一天的松懈会导致一周的倒退。如果有可能，尽量找一名同伴一起训练，这样不仅有趣，更是安全的保障——他们可以检查你在做特定练习时方法是否正确，比如他们可以帮忙检查你是整个脊柱在发力还是把所有的力都集中在某几块椎骨上。

一般来说柔术有两种形式，形象地说就是前弓和反弓。但你不妨试着练出全套且多样的动作：前弓通常包含反弓，反之亦然。可能还有些劈叉和多层交叠（比如超过 180 度的倒挈）。但不管做什么动作，都不要伤及自己——柔术照字面来看就是延展自己的身体使其达到极限，但不要强迫自己，反倒把自己弄伤了，这可是得不偿失。

你敢去做吗

43 捕捞阿拉斯加帝王蟹

这是什么? 获取稀有食材的自我挑战。

为什么你还不去做? 准备晚餐其实有更简单的办法。

红色帝王蟹是所有帝王蟹里最宝贵的,栖息于 35 米到 180 米深的水域。历史上,在阿拉斯加旁边的白令海附近,捕捞这些珍贵的甲壳类动物曾是职业捕鱼人最暴利的工作——当然,想要得利必担风险。

如果遇上好的年份,帝王蟹捕捞船的船员可是有望在一年中挣到六位数的薪水。然而,据美国劳工统计局(the US Bureau of Labour Statistics)统计,商业捕捞是所有职业中最危险的一种,它的死亡率是美国所有职业平均水平的 90 倍,每 10 万因工致死的职工中就有 300 名是捕捞人员。主要致死原因包括低温、溺水和工伤事故。尽管该行业仍然有钱可赚,但自 20 世纪 80 年代的繁荣时期结束以来,帝王蟹的批发价格逐年下降。船主能在一个捕捞季就挣够数百万的时代早已不再。

阿拉斯加的布里斯托尔湾(Alaska's Bristol Bay)是帝王蟹产业的中心,所以如果你想要捕捞帝王蟹,就得搬到这个美丽但条件恶劣的地区。许多大马哈鱼渔船也在此作业,在登上帝王蟹捕捞船之前,或许你可以先试试抓几条大马哈鱼。这将有助于你获得捕捞经验,并且能够赚上一笔以维持生计。对了,

你要检查下你的文书工作是否到位——渔民都有自己的执照(阿拉斯加居民申请执照需花费约 65 美元,其他人则需约 165 美元)。确保你的执照是有效的,不要到了捕捞季才手忙脚乱——毋庸置疑,这类高薪工作是非常抢手的。

新的职位空缺并不会通过各种媒体公布,而是口口相传——所以你最好能在恰当的时间恰当的地点出现,并密切注意周围动静。广撒网,一旦发现有工作,即刻行动。

不管你在其他领域有何经验,如果你在帝王蟹船上是新手,那你毫无疑问处于食物链底端。你要恪守新手的本分并做好被叫"菜鸟"的心理准备。新手的第一次出海是无薪的,如果你能证明自己的能力,那么高额回报紧随其后。

要吃苦耐劳,并保持良好的身体状况——可怕的风暴会随时出现,同时别忘了你身处白令海,你要面对的是亚北极区的极寒气候。事实上,在极寒气候下,甲板会结冰,这使得操

帝王蟹捕捞船　每当到了捕捞红色帝王蟹的季节，阿拉斯加海岸的布里斯托尔湾就会开放，一艘拖网渔船正在波涛汹涌的白令海海湾内激流勇进，捕捞这种珍贵的甲壳类动物。虽然这份工作非常危险，条件也极其恶劣，但丰厚的利润依然吸引着成千上万的捕捞者。

纵船只会成为巨大的挑战，同时你会需要花大量的时间凿开船板上的冰块。为防止自己冻伤，你最好随时戴着手套。此外，因为甲板结冰，船只上也多了很多不停"滑动"的重型设备，这无疑增加了危险。

在帝王蟹的捕捞船上，你将有可能在极度拥挤的条件下工作和生活，甚至需要连续48小时工作。曾经有段时间，捕捞季只持续三四天，所以多达250艘渔船像赛马一样互相追逐，以求最先到达捕鱼点。如今，捕捞季更长了，但船只却少了很多，捕鱼船可以在水面上停留三四个星期。帝王蟹喜欢待在冰架周边最冷的水域中。

通常情况下，船员先以鳕鱼和鲱鱼作为诱饵吸引帝王蟹，再通过重达360千克的钢架容器进行捕捞。一般一艘帝王蟹捕捞船上大约有300个这样的捕捞容器，通过液压绞机来操控起落。一旦有帝王蟹上钩，取下来的活蟹将存放在储存缸中。

帝王蟹的捕捞受严格管制。只有在特定季节才能进行捕捞活动，也只有具有一定尺寸大小的雄帝王蟹才能被捕捞上岸，较小的帝王蟹和雌帝王蟹将放归大海以保证物种延续。捕捞份额因年份和船只数量而有所不同，如果不恪守捕捞规则，船主将被处以数十万美元的罚金。

对了，捕捞帝王蟹还有另外一个非同寻常的奖励——探索频道的热播节目《致命捕捞》（*Deadliest Catch*）会在每年的捕捞季跟随渔船出海，以寻找新的真人秀明星——所以，如果你运气足够好，说不定还能获得意想不到的名气以及财富。

你敢去做吗

44 成为潜艇船员

任何读过儒勒·凡尔纳的著作《海底两万里》（*20000 Leagues Under the Sea*）或是看过《从海底出击》（*Das Boot*）这部电影的人，都不会觉得成为一名潜艇员是件容易的事。尽管如此，还是有很多硬汉响应了潜水艇的召唤。他们热衷于将自己困在狭窄的罐子里，在海上漂荡——也许你就是其中的一员。

从石油勘探到海洋研究，如今，潜水艇在许多领域都发挥着重要的作用。如果你想成为一名潜艇员，最常见的方法是加入你所属国家的海军。

最开始，他们会对你进行一系列高强度的训练，确保你在体质上、心理上及性格上都适合这份工作。一旦他们察觉出你有一丝幽闭恐惧症的气息，那么对不起，你就只能在陆地上从事相关工作了。这是为了你好——因为一旦上了潜水艇，你将不得不连续几周甚至几个月都在狭小的空间中度过。你可以想象一下，皇家海军特拉法尔加级（Royal Navy Trafalgar Class）潜水艇（有趣的是，潜艇一直被称作"船"，而不是"舰"）长 85 米、高 10 米、宽 10 米，而在为期六个月的训练里，它为 130 名训练人员提供居住和工作的所有空间。与披头士乐队著名的《黄色潜水艇》（*Yellow Submarine*）相比，这可要沉闷多了。

幸运的是，晕船往往不会成为什么大问题——你可能认为在大海的底部颠簸会导致强烈的晕船反应，但事实是，海底的水比海面上的要平静许多。

潜艇上需要从工程师到厨师等各种专职人员，任何时候大家都要保持团结合作。正因为对海军潜艇员的种种要求，他们几乎都来自志愿者，即便是在战争时期。事实上，在所有的海军里面，只有潜艇员全都是男性。这会导致一定程度的不安，或者说是船员的"沮丧"，要知道他们的平均年龄才 21 岁。因此，我们完全可以想象得出，潜艇员的情侣关系很难维持，婚姻破裂的情况也并不少见。

在潜艇上，你还需要学会应对"无聊"。不过你至少有大把的时间去狂补那些在电影院错过了的电影，或者最终看完某本书（最好不是《猎杀红色十月》）。你可能会经历 6 小时值班、6 小时休息这样刻板的工作模式。一

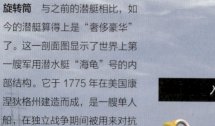

旋转筒 与之前的潜艇相比，如今的潜艇算得上是"奢侈豪华"了。这一剖面图显示了世界上第一艘军用潜水艇"海龟"号的内部结构。它于 1775 年在美国康涅狄格州建造而成，是一艘单人船，在独立战争期间被用来对抗英国军舰，但结果证明这艘单人船起不到什么作用。

撑杆水雷

垂直螺旋桨

入舱口

战用水雷

驾驶座

螺旋桨

水泵

船舵

压载舱

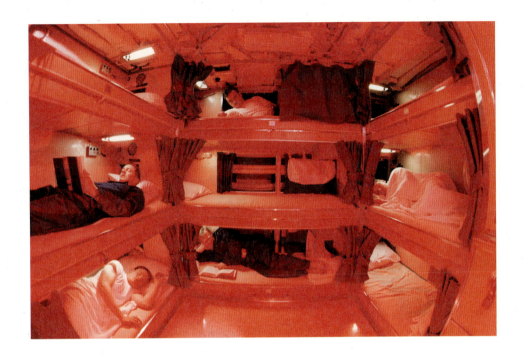

天四餐，通常与其他船员两两对坐。由于缺乏锻炼的空间，一个航程下来，许多潜艇员都抱怨自己又变胖了。

为了节省空间，潜艇上的床位通常是上中下三铺，你的隐私（如果有）由窗帘隔开。除了床铺，就只有一个架子或柜子是完全属于自己的。如果你运气不好，甚至有可能会被分到"轮铺"——就是换班时哪个铺位是空的就睡哪个。除此之外，潜水艇上的淡水十分宝贵，所以你可能数天甚至数周都无法洗澡。

尽管卫星技术足以保证船在任何位置都能与外界保持联系，但是出于安全考虑，与外界沟通应保持在最低限度。如果发生了一些船长也无能为力的坏事情，他有权决定是否将其告知自己的船员。

沙丁鱼罐 船员们躺在这艘俄亥俄级阿拉巴马号核潜艇上的床铺上休息——红色的灯光在不影响睡眠的情况下能够提供安全的持续照明。或许潜艇的空间不够宽敞，但是，与在独立战争中使用的反抗英国军舰的"海龟"号相比，它的环境已经舒服许多了。

尽管现代潜艇能够为潜艇员提供足够的安全保护，但灾难仍然在所难免，例如在2000年，俄罗斯库尔斯克号潜艇（the Russian Sub K-141 Kursk）在巴伦支海沉没，118名船员丧生。如果在水下真的出现了什么不对劲的地方，那你恐怕是在劫难逃。所以，如果你真想在潜艇里过把瘾，何不选择比加入海军更容易的方法——如果你足够有钱，你可以掏钱去海底参观泰坦尼克号的残骸，价格是每人约60000美元。

45 实施脑部手术

这是什么? 让人真正"掌握"人类的大脑。

为什么你还不去做? 只有最具聪明才智、激情和最努力工作的人才拥有手术资格。

现代神经外科领域主要针对与大脑、脊柱、脊髓和外周神经相关的疾病。成为神经外科医生需要集技巧、智力、敏捷、精力和坚持不懈的精神于一身——大脑手术成为困难的代名词也就不足为奇了。

大脑是身体里所有器官中最复杂的,它由大约 100 亿个神经元组成,有超过 13 万亿个连接点。要想彻底了解大脑绝非易事,而且毫无疑问,如果你想成为神经外科医生,就得接受大量培训。首先,你要取得一个还不错的基础医学学位。然而医学院的竞争很激烈——除了拔尖的考试成绩,你还需要饱满的热情,以及无论遇到什么困难都决不放弃的坚毅性格。

取得医学学位之后,才是真正的考验。神经外科往往是群英云集,想要出头就得承受压力。你将进行一系列的轮岗,并且当上许多年的住院医生。神经外科是更新速度很快的医学领域,你需要不断跟进学习,了解最新的前沿知识。最后,也许在离开学校 14 年后,你才最终完成所有培训,并因此背上大量债务。但没有关系,一旦有了相关资质,你将在这个岗位上获得不菲的收入。

除了在学术上要独领风骚,你还需要一双稳定的手。你将承担漫长而精细的手术,坦率地说,如果你的手指太笨,医院根本不会录用你! 同时,你也应该掌握新技术。当今的外科医生要能够操控形式各异的成像设备、微型摄像机和机器人设备,你必须对它们都了如指掌。

如果你真的当上了脑外科医生,想要规律的作息是痴人说梦。脑外科医生很稀少,所以你需要随时待命,保证能够在短时间内随时回医院工作。这同时也是一份非常考验情绪的工作——那些在脑肿瘤和脑创伤中煎熬的病人将全部希望都寄托在你身上。然而,总是会有些病患超出你的能力范围,所以你也必须知道什么时候该放弃。令人欣慰的是,现在的医疗技术在不断进步,更快捷、开刀更少的手术成为可能,死亡率也已经从 20 世纪中叶的 50% 下降到今天的不到 10%。

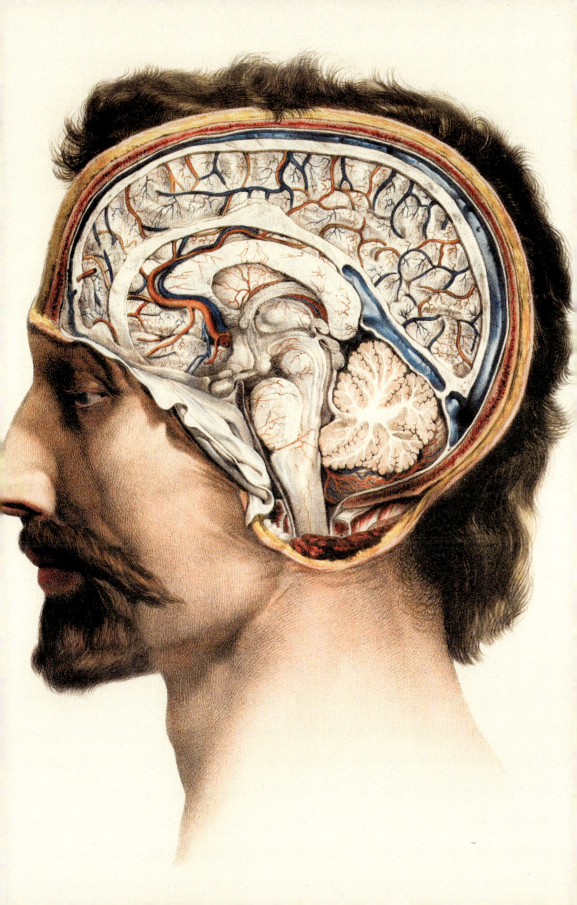

46 寻找治愈癌症的方法

这是什么? 医学的终极目标之一。

为什么你还不去做? 癌症种类很多,其背后的科学原理非常复杂。

1971 年,美国总统理查德·尼克松预测,科学家将在 5 年内找到治愈癌症的方法。可悲的是,我们都知道,这始终只是个美好的愿景。 38 年后,奥巴马总统承诺要投入 60 亿美元 "在我们这个时代"达到同样的目标——这真的可以实现吗?

几乎每天的报纸头条都在流传这样的消息,说高深莫测的"癌症灵药"即将面世。然而事实是,这种博人眼球的新闻故事通常只讲述了一部分的真相。现在的主要问题是,虽然癌症经常被人们说起,听起来就像是一个亟待解决的大问题,但在医学术语中,癌症是对一系列相关疾病的统称,涉及身体各部分的细胞突变、分裂和不可控制地生长。因此,尽管癌症治疗确实是在不断发展,但即使是最大的治疗突破也只是在特定战斗中取得的胜利,而非解决战争本身。

单单在美国,每年估计就有 150 万新增的癌症病例。寻找一种有效且可靠的"一刀切"治疗方法,就像是医学界的"圣杯",是所有医生的梦想。如果你想去"肿瘤战争"的一线参战,首先要成为合格的肿瘤学家——这是在医疗界专门从事治疗癌症的职业。毫无疑问,在专攻某个领域之前,你必须先获得基础医学学位,然后接受为期几年的在职学习。一方面你做的是可以改善和延长患者生命的伟大工作,另一方面你也将面临巨大的压力。你经常需要与情绪低落的病人打交道,并且有时不得不宣布他们在癌症这场战斗中的失败。

目前针对肿瘤最常用的治疗方法是手术、化疗和放疗。它们都能很好地提升成功率,但没有人敢声称这些方法是完美解决方案。此外,它们中的任何一种方法都可能对患者产生痛苦的副作用。目前世界上至少存在 200 种不同形式的癌症,以一敌百的药物似乎是不可能存在的。因此,许多肿瘤学家一致认为,目前我们应该把重点放在如何更好地"控制"癌症上。也就是说,一些科学家希望在未来的某一天,现在致命的癌症将会被认为是"慢性疾病"——尽管情况糟糕,但在很大程度上是可控的,就像糖尿病一样。

众所周知,某些不健康的生活方式会增加患癌的概率——如果你吸烟,患肺癌的风险会更高;过度暴露在阳光下则会增加患皮

你敢去做吗

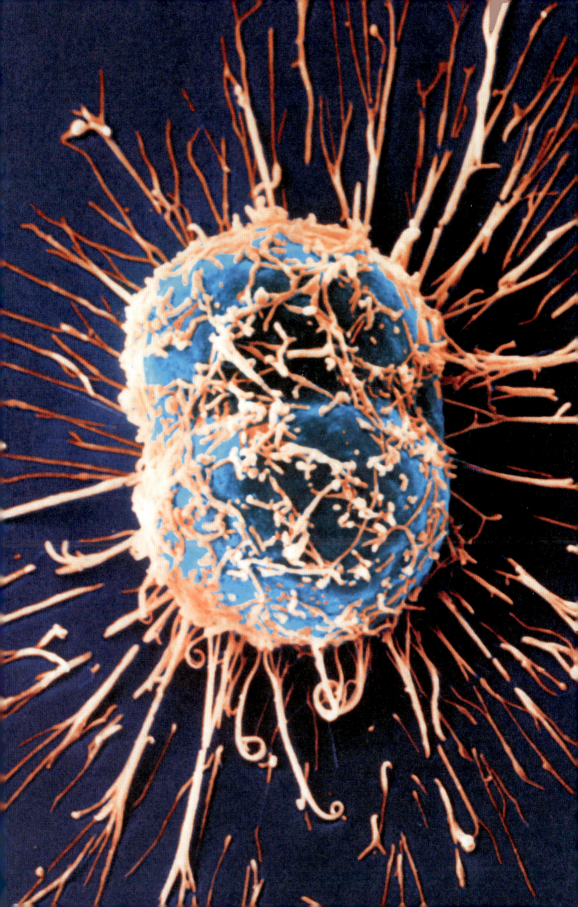

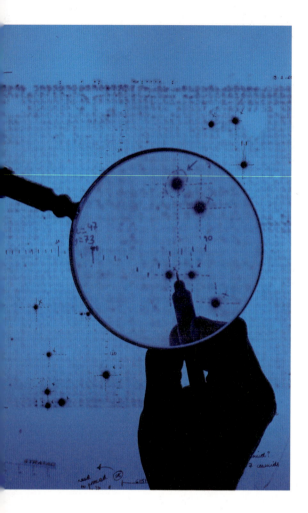

崇高的战斗 一位科学家正在研究一个包含 20000 多块与 17 号染色体和乳腺癌有关的 DNA 片段的培养皿。对基因持续深入的研究是找到更多有效对抗癌症方法的最大希望。

肤癌的可能性；其他癌症病情则会因饮食和某些环境条件而恶化。所以在许多肿瘤学家看来，预防癌症最好的方式是鼓励人们选择健康的生活方式，而不是在药物研究上浪费数十亿美元，寄希望于可能根本不存在的特效药的出现。把有限资源用于教授日光浴者采取安全的措施，以减少新的皮肤癌症病例，这样不是更好吗？

攻克"感染"这一难题也可能在未来癌症治疗中产生巨大作用。毕竟肝炎会导致肝癌，而引起消化性溃疡的细菌也可以引起胃癌。目前因感染引发的癌症占所有癌症病例的 15% ~ 20%，一些研究人员认为，到 2050 年，这一数字可能高达 95%。为了在人体内立足，某些病毒能够打破我们身体对癌症设立的天然障碍。然而不要绝望，我们可以通过改善卫生以及广泛使用疫苗和抗生素来对抗其中的一些病毒。

针对癌症的另一个研究方向在于改善身体的自然防御功能——目前，有几组科学家正努力研发"超级"白细胞，希望能够力破癌细胞。另一种新型疗法于 2010 年公布，即使用光活性化合物让癌细胞自毁。这可能是至今为止治疗癌症最高效的手段，并且还没出现明显的副作用。

47 成为一名职业间谍

这是什么? 深入间谍斗争的阴暗世界。

为什么你还不去做? 除了熟悉 007 系列电影,你还得拥有如百科全书般浩瀚的知识。

这世界上真的有人看过詹姆斯·邦德的电影,而不对间谍这一职业充满幻想吗?然而,事实是,间谍的世界并不像电影里刻画的那样令人心潮澎湃——但它依然是一个能将你逼到极限的职业。

间谍被认为是世界上第二大古老的职业。它出没于国家之间、公司之间甚至夫妇之间。如果你为国家情报机构工作,例如美国中情局(CIA)或英国秘密情报局(SIS),那么你可能在打击恐怖主义、维持全球力量平衡、为饱受战争蹂躏的地区争取和平等一系列事情上功不可没。然而,和想象中不一样的是,你并不会像电影中的特工一样身手敏捷地逃离雪崩现场,或是巧妙躲开金属檐礼帽暗器。那么,情报机构到底在找些什么?

间谍的主要作用是收集、评估和传播其他人正在设法保密的情报。实质上,你提供的有效信息将有助于决策者决定政府的行动。你将承受巨大的精神和情感压力(有时也会有生理上的压力)。如果你渴望过上普通人的生活,那么间谍肯定不适合你。

表面上你在"为国家的利益而战",然而这也意味着你时不时需要做一些"感觉不太对"的事。你肯定会对你的朋友和亲人说谎,或至少隐瞒某些事情——即使最亲密的关系,这也会是一个相当大的考验。就算你对这一切都适应自如,想要当间谍也并非易事。当间谍主要有三条途径:

·安全机构人员通常会出现在最好的大学,以寻找那些在智力和性格上都适合这份工作的人。如果你曾经读过约翰·勒卡雷的小说,就不难明白——安全机构的代表可能会接近有潜力做间谍的人,并邀请这些人去申请间谍工作。

·有时候,有人会主动提出加入并被招募,因为他们可能已经拥有某些有用的情报。例如,一名心怀不满的外交官可能会主动承担监视自己政府的任务。

·然而,目前更常见的情况是,如果有空缺的职位,间谍会和任何其他工作一样通过登广告来招人,有意向的候选人可以走正式的申请流程。

如果选择最后一种途径,那你最好是拥有扎实的学术背景——物理学、IT、经济学、心

你敢去做吗

间谍秘笈 为避免我们以为间谍活动已经消失于冷战之后，俄罗斯当局于 2006 年声称，英国外交人员曾将这个伪装起来、装有电子设备的石头，当作一个工具用在一次协定的间谍活动中。

理学和政治学都将大有用处，能够流利地用一种或多种外语交谈就更加分了，尤其是当前的"热门语言"。例如，在"9·11"袭击之后，能说阿拉伯语的人就出现供不应求的情况。

情报机构会对你进行大量的背景调查，所以要确保你的人生背景是清白的。你不能有任何犯罪记录、财务问题和"尴尬"的关系——如果你的叔叔为克格勃（KGB，苏联国家安全委员会）工作，那就麻烦了，除非你是要继承他在俄罗斯联邦安全局（FSB）的工作。总而言之，你必须确保没有把柄可以被敌人利用来影响你的行动或勒索你。此外，背景清白意味着你要性情温和，不会引起过度的关注。如果你未满 35 岁，那么被招募的概率将会增

加。除此之外，你还必须习惯于经常出差在外、长期背井离乡，甚至永久定居他乡。

招聘人员寻找的正是那些在高压下也能保持冷静，能迅速进行计算分析，能操纵他人以获得信息，能适应变幻多端的环境，并能用假身份掩饰自己的人。另外，还要写得一手好文章（你需提交大量实地报告），并且身体健壮（比如你需要摆脱危险的境地）。最重要的是能够毫不动摇地完成手头任务，并最终获得成功。要注意的是，间谍的薪水可能不如你期望的好，通常情况下，它是五位数而不是六位。

如果所有这一切听起来都有点太中规中矩，那么对于浪漫主义者而言，那些传统间谍的好时光并未完全逝去。2006 年，英国特工被拍到在莫斯科公园里利用假岩石来传递机密。但如果你幻想着能获得一份杀人执照，或有弹射座椅的阿斯顿·马丁轿车——那还是去看电影吧。

48 耍蛇

"催眠"毒蛇看起来十分危险,但耍蛇人可没那么笨——他们会竭尽全力保障自己的安全。虽然耍蛇目前在印度是非法活动,但耍蛇人的数量有一百万左右,他们中的大多数人祖祖辈辈都以耍蛇为生。如果你真的想尝试一下"与蛇共舞",那么接下来的内容你可要熟记于心。

想要成为真正的耍蛇人,你要做的第一件事是弄清楚你所在的地区耍蛇是否合法,是否需要申请特殊执照。要知道,为了保护蛇类、降低环境恶化的速度,世界上的许多地方都禁止耍蛇。

一切手续办理妥当后,就尽快弄到一条蛇吧。眼镜蛇是最常见的选择,但其他毒蛇也不错。你最好从专业人士手里获得毒蛇,并确保它的来源合法。

毫无疑问,在动物权益保护者眼中,耍蛇肯定不是一个受欢迎的职业。为了安全起见,耍蛇者要去除蛇的尖牙或毒液腺,甚至在某些情况下,缝死蛇的嘴巴。但以上这些方法在这里都不推荐,相比较之下,暂时"挤"掉蛇嘴巴里的毒液或许更稳妥些。同样,你应该从专家处习得这些技巧,而不是自学。

做好准备之后,记得把蛇放在一个罐子或篮子里,配以相称的"神秘"装扮,并在闹市选好表演地点。接着放下你的篮子或罐子,盘腿坐下——别忘了坐在蛇攻击范围之外(一般来说,眼镜蛇的攻击范围约为其身体长度的1/3)。在表演开始前,请务必把蛇喂饱,这样它会温顺许多。当你揭开盖子,蛇就会自己"站起来"。但不用害怕,这是一种防御而不是攻击姿态。

当你吹奏长笛时,蛇会随之左右摇动,看起来就像在"跳舞"。事实上,它们不像人类一样能够听到音乐,它们只是在对移动的乐器做出回应。表演结束后,别忘了慢慢盖上盖子。

但回头想一下,在这个表演中,为什么一定要有蛇呢?为什么不能直接吹奏长笛?对动物而言,这显然是更善意的行为,并且如果你真的吹得很好,仅仅凭借吹长笛也能发家致富。

你敢去做吗

49 表演脱身术

脱身术的表演者通常会穿上一件特殊的"紧身衣"，衣服配有超长的袖子，而袖子上并没有给手伸出来的"洞"。两只袖子被系或被扣在表演者的背后，以至于他们的胳膊没法移动，只能在胸前交叉。著名的脱身术表演者哈利·胡迪尼被认为是将脱身术这一表演带给世界的第一人——那么你要怎样才能模仿这位伟大的魔术师呢？

胡迪尼曾经说过，他逃脱的秘诀在于使肩膀脱臼的能力。但这种说法可能只是为了"欺骗"观众或吓跑竞争对手。你放心，不走这样的极端，逃脱也是可能的：只要知道技术诀窍，力气大，再加上勤学苦练，你也可以做到。

逃脱成功真正的关键在于穿紧身衣时的姿势（这时最好有助理帮忙）。你要留有一定的空间，方便后续发挥。所以记得在紧身衣捆绑上身时深吸一口气，鼓起胸膛——等你松气后就留下了一些回旋的空间。尽量使肘部紧贴身子，这样手臂交叠时就不会过紧。确保你的惯用手搭在另一只手的上方，要么抓住另一根袖管，要么由肘部夹着。如果可以，在被绑的时候，最好每只手都抓住一点儿衣料，这样也能在放手后争取到一定的空间。

被束缚之后，依然要保持冷静——屈服于恐慌必然会失败。你要尽可能朝前耸肩（但不要用力过猛，以至于肩膀脱臼），这样，紧身衣的后部又会增加些空间。你的第一个目标是移动手臂。使用惯用手用力将另一只手的肘部往上举，通过倚靠固定物体以获得额外的托举力，或者将手肘弯至膝盖处然后借由膝盖发力。总之，要一直用力，直到手臂越过头顶——拥有强大的颈部肌肉将益处多多！

现在你的手臂就在你的面前，尽快用牙齿解开袖子之间的带子，一旦双手自由（虽然仍然被困在袖子里），就除去背部和颈部的绑带。你看，变！衣服脱下来了！

如果脱身未按计划进行，那就认输并求助。如果你保持这个姿势过久，血液流通将受到阻碍，再加上肌肉痉挛——这对你的身体是严重的伤害。一旦你完美地完成了这个魔术，或许就可以进一步模仿胡迪尼。他可是曾经颠倒悬在空中，依然从层层束缚中顺利脱身。你能办到吗？

50 与鳄鱼搏斗

这是什么? 与自然界最可怕的野兽之一搏斗。

为什么你还不去做? 这么危险的战斗，你想想就好了。

谁都知道鳄鱼是一种凶残的动物。然而在美国，死于鳄鱼袭击的人很少，所以并不需要生活在对这样一个小概率事件的恐惧当中。当然，如果你真的陷入一场"与鳄鱼的殊死搏斗"中，那么获胜者恐怕只会有一个。

鳄鱼的自然栖息地是热带沼泽地区。它们不会故意找麻烦，但如果你就在它们附近转悠，它们很可能就会把你视为送到嘴边的食物。这些古老的爬行动物在温暖的夏季最为活跃，黄昏时分是最危险的鳄鱼觅食时间。如果你发现自己身处鳄鱼的领地，那么一定要尽可能避开它们的注意。比如，如果你正在一条渔船上，那就不要在水里洗鱼。同样危险的还有高尔夫球手——如果你打了一个糟糕的球，并且最后球掉进了水里，那么你在涉水捡球之前一定要慎重地考虑一下。此外，如果你带着最爱的宠物去野外，那么你一定要让它们远离水边。无论你的狗狗多么可爱，在鳄鱼眼里也不过是一顿美味的小吃。

如果你看到"禁止游泳"的标志牌，请务必当心，不要试图靠自己的眼力去发现鳄鱼——它们是狡猾的埋伏型猎食者，只要它们愿意，随时可以毫无声息地潜伏在水中。如果你在陆地上并且反应迅速，你也许能够成功逃离鳄鱼之口——虽然它们有着极快的爬行速度，但在陆上追逐并不是它们的长项。

不要妄想在水中与鳄鱼"赛跑"。如果你意识到自己已经吸引了一些不必要的注意，那么这时就要制造出更多更大的动静。这样才能让鳄鱼相信，比起可口的美味，你更有可能是个大麻烦。

如果你不幸卷入了一场与鳄鱼的肢体搏斗中，那么一定要反击，因为鳄鱼会试图将你拖至水下——在水下，你只有死路一条。你要打击鳄鱼身上容易受伤的部位，用手指或者你能找到的任何武器去戳它的眼睛、鼻孔和嘴巴。尽量试着砍或击打鳄鱼。你要注意在鳄鱼的喉咙后部有一层片状组织。如果鳄鱼已经把你的四肢咬在了嘴里，你可以用你的胳膊或双腿攻击这层组织，但愿它会出于本能放开你。

你敢去做吗

51 发现白鳍豚

这是什么? 地球上的濒危动物之一。

为什么你还不去做? 数量稀少，如果还剩下几只，那它们也在迅速消失。

美丽的白鳍豚仅产自中国长江，是世界上仅有的四种淡水江豚之一，大约在两千万年前就已步入了进化的"死胡同"。白鳍豚曾一度被誉为"长江女神"，而最近却成为人类滥用地球自然资源的受害者。

白鳍豚呈特殊的白色，相比生活在盐水水域的表亲，它们有着更长更细的喙，还有一个低背鳍。它们通常三四只一起出现，以鱼类为食。20 世纪 50 年代，这条浩荡的大江曾是 6000 只健康白鳍豚的安逸家园，但到了 1997 年，这一数目已减少至不足 50 只。人们最后清楚见到一只白鳍豚是在 2004 年。2006 年，一组科学家乘两艘考察船花了六个多星期寻找白鳍豚，但一无所获。

白鳍豚被世界自然保护联盟（World Conservation Union）评为"极度濒危物种"，还有科学家将其归类为"功能性灭绝物种"。这意味着虽然可能仍有少量的白鳍豚存活，但它们数量太少，依然难以避免灭绝的命运。人们曾经试图通过人工饲养白鳍豚来延续它们的繁衍，但都失败了。如果白鳍豚确实已经濒临灭绝，那么它将会是自 20 世纪 50 年代加勒比僧海豹灭绝以来第一种将要灭绝的大型无脊椎动物。

人类是这一悲剧的罪魁祸首。白鳍豚数量减少的主要原因有未受管制的渔民捕鱼（白鳍豚经常被鱼钩和渔网所伤）、经常与白鳍豚相撞的河船（许多河船都装有快速旋转的螺旋桨）、环境的持续恶化和污染以及对白鳍豚活动方式造成了严重干扰的水路发展。

然而，在 2007 年，疑似白鳍豚现身的录像片段带给了人们一线希望。如果你动身前往长江，并花足够长的时间进行搜寻，或许会得到好运的眷顾，甚至可能在自然历史的年鉴上留下自己的一页。然而，白鳍豚的未来依旧黯淡——大多数科学家只能在几家研究所里研究保存下来的白鳍豚遗骸。

你敢去做吗

52 活捉一条巨型乌贼

这是什么? 名副其实的深海怪物。

为什么你还不去做? 尺寸如此巨大的东西,倒是低调得基本让人发现不了。

巨型乌贼最早出现于古希腊人亚里士多德的著作中,普遍认为北海巨妖(Kraken,北欧神话中的巨型海怪)这一形象的原型就是它。从那时起,它就牢牢地占据了作家的想象空间,吓坏过《白鲸记》(*Moby Dick*)和《海底两万里》(*20000 Leagues Under the Sea*)中的海员,但至今也没人成功活捉过一条巨型乌贼。

如果你近距离遇到这种巨型乌贼,一眼就能认出它。巨型乌贼的标本从尾鳍到触须顶端长达 13 米,重达几百千克。截至 2005 年,在世界各地的机构中保存的标本大约有 600 个。

这种乌贼拥有自然界中最大的眼睛——宽达 30 厘米,用于捕捉海洋深处可捕捉到的最微弱的光。它们强健的鸟喙状的嘴巴能够咬断金属线缆,触须上的吸盘用于捕捉猎物并将其拉扯至死。

既然如此巨大,为什么这些可怕的无脊椎动物却难以被发现呢?因为它们几乎一生都在最深、最黑暗、深度在 300 ~ 1000 米之间的海域中度过。人们普遍认为,在全世界的海洋中生活着相当数量的巨型乌贼。19 世纪,大量乌贼被冲上纽芬兰和新西兰附近的海岸。这种场景规律性地在这两片区域中持续发生,此外澳大利亚、不列颠群岛北部、日本、挪威、西班牙以及南非等地区的海岸附近也时有发生。如果你决定自己抓一条巨型乌贼上岸,那么地理位置是最无须考虑的问题。

有些人可能认为,抓乌贼最好的办法是在上述地区的某个海滩上找个不错的地点,等待潮水涌来把乌贼尸体带上岸。然而,这个方法太缺乏冒险精神。更何况,冲上岸的乌贼尸体通常处于一种很糟糕的状态。

如果你想活捉一条巨型乌贼,那么你可以通过驾驶一艘油轮来吸引它的注意。现在还没有人知道这些乌贼是否会误把油轮当作敌人或者一道潜在的晚餐,但有记录写道,在 20 世纪 30 年代,一艘挪威油轮曾三次遭到乌贼的袭击。

巨型乌贼的主要天敌是抹香鲸,我们对于这个物种的大部分了解都来自在抹香鲸肚子里发现的乌贼遗骸。想要找到它们,最好的方法是跟着一头抹香鲸到它的觅食地。这也是研

乌贼吃大餐　2006 年，一条 7 米长的巨型乌贼在日本小笠原群岛（Ogasawara Islands）附近袭击了一只诱饵乌贼。该图像由一个来自日本国立科学博物馆的研究小组拍摄。

究这种乌贼的科学家长期使用的一种策略。2004 年 9 月，一个日本研究小组就用这种方法，在抹香鲸的自然栖息地拍摄到了首张活着的巨型乌贼的图像。他们将相机系在一根绳子上，绳上绑着这种乌贼最爱的小吃、虾以及较小的乌贼作为诱饵。

　　但要注意，如果你想吃巨型乌贼，那可就要三思而后行了。有人这样尝试过，得出的结论是：它们的味道跟咸味甘草有点相似，需要慢慢习惯。但如果这种味道能撩动你的食欲，那么你肯定能煮出超大一锅海鲜饭来！

　　就算你最终还是没法活捉乌贼，至少还可以安排一场旅行，去参观一下"阿奇"（Archie）——伦敦自然博物馆里一个保存完好的乌贼标本。"阿奇"身长将近 9 米，于 2004 年在阿根廷南部的福克兰群岛（Falkland Islands）附近被捕获。它是一个近乎完美的标本，也因此十分稀有。

　　值得一提的是，"阿奇"的身形十分巨大——在被冰封运到伦敦之后，光解冻就用了大约四天。

你敢去做吗

53 "分身"有术

这是什么? 成功表演"分身术"。

为什么你还不去做? 在亚原子尺度上能够实现,但到了人这一尺度就不太可能了。

当度假的念头不断在脑海里盘旋却又不得不端坐在会议室里蹉跎岁月时,你一定会想要"分身有术"的超能力。在量子力学的世界里,处于亚原子层面的粒子可以在同一时间出现在不同地点——这或许能让你在脑海里疯狂一把。

量子世界里的种种"反常现象"可以通过"双缝实验"得到很好的验证。双缝实验是著名的光学实验,它将光束穿过屏幕上两条平行的狭缝投射到底片上。通常情况下,两条光束会发散并相互干涉,正如将两颗鹅卵石扔在池塘中,扩散的涟漪会相互干涉一样。

但光不是常波——它还同时具有粒子属性,以小"波群"的光子形式出现。物理学家杰弗里·英格拉姆·泰勒曾于 1909 年完成了双缝实验,他用的弱光源使光子只能一次一个通过狭缝。令人惊讶的是,即便在这样的条件下,底片上出现的依旧是明暗交替的条纹状光线。换而言之,每个光子都受到另一个"替身"的自我干扰——光子确实能在同一时间内现身在两个不同的地方。

这一反常现象可理解为:单一光子不仅可以在特定情况下表现出粒子的特性,也能表现出波动性。1924 年,德布罗意提出"物质波"假说,认为和光一样,一切物质都可以既表现出粒子的特性,也表现出波动的特性。在亚显微镜下,粒子被认为是一种波函数等式,该等式决定了粒子在特定时间特定地点被找到的概率。

2010 年,来自加利福尼亚大学圣巴巴拉分校的团队发明了一个带金属桨的神秘机器。当机器在接近绝对零度时,开始输送量子化的电能,然后金属桨以每秒 600 万次的频率摆动,在这种情况下,量子同时保持了运动与静止两种状态。有些科学家认为这种"分身"的状态兴许能够应用在日常的物体上。但如果这种现象超出了量子的范围,就没有人知道最终会发生什么。

54 逃出科莫多巨蜥的魔爪

这是什么？ 有着史前生物特征的可怕生物。

为什么你还不去做？ 被科莫多巨蜥袭击致死的过程既缓慢，又可怕。

科莫多巨蜥通常被称为"陆地鳄鱼"，实际上它是一种庞大的巨型蜥蜴——并非那种你想着能在黑暗的小巷中遇到的生物。幸运的是，除非你现在正在某座偏僻的印度尼西亚岛屿上，否则你遇到它们的概率很小。但假设你碰巧遇到了，又该如何应对呢？

科莫多巨蜥（Varanus Komodoensis）原产于科莫多（Komodo）、林卡岛（Rinca）、弗洛勒斯岛（Flores）、莫堂岛（Gili Motang）以及达萨米岛（Gili Dasami）等东南亚岛屿，已在地球上存在了超过 400 万年之久。今天，这种动物大约有 4000 只活在地球上。它们身长超过 3 米，重量超过 100 千克。黄色的叉状舌是它们最醒目的特征，同时也是它们拥有出众嗅觉的关键，是它们用以"嗅"出晚餐的主要武器。

虽然能够在短距离内快速冲刺，但其实科莫多巨蜥是埋伏型猎食者，在对猎物发动突然袭击前喜欢悄悄地趴在地上。它们猎食的动物从野猪、水牛到蛇和鸟类。科莫多巨蜥迅速出击后，会用其锋利的牙齿死死咬住猎物。通常情况下，猎物有可能从第一次攻击中逃脱，但即便逃脱了，也几乎都会因为第一次的"深咬"而死。多年来，人们一直将这一咬的威力归功

于其唾液中存在的各类细菌。因此，当 2009 年研究人员发现科莫多巨蜥其实含有剧毒时，都惊诧不已。现在人们已经清楚，科莫多巨蜥的毒液会导致猎物的血压迅速下降，阻止血液凝固，并迅速进入休克状态。此后，若有需要，科莫多巨蜥会跟踪猎物很长一段距离，并持续若干天，直至最后将对方折磨得精疲力竭。

幸运的是，它们极少对人类发动致命的攻击。2007 年被袭击致死的 8 岁男孩是 33 年以来的首个死亡案例。饥饿的科莫多巨蜥可不管对面是不是人类。

科莫多巨蜥能够以每小时 20 千米的速度奔跑。此外，它们还是游泳健将——你逃跑成功的机会十分渺茫。因此，面对科莫多巨蜥时，你应该停下来战斗而不是逃跑。在有科莫多巨蜥出没的危险地带，你有必要随身携带一件武器，比如一把尖刀。若遭到科莫多巨蜥的袭击，你要反复拿刀刺向它，但愿对方会因为觉得吃

你敢去做吗

开餐时间 科莫多巨蜥是贪婪的食肉动物。它们大多以腐肉为食，但如果有机会也会攻击活物，并且能够用尾巴击倒鹿这样大小的猎物。

你太麻烦而放过你。

如果科莫多巨蜥咬到了你，你需要立即就医。假设你不是独自一人，那么相关负责的旅游公司应立刻准备治疗所需的药物，并且尽快赶到医院。即便有人能够从攻击中幸存下来，毒液造成的后遗症也会十分严重。

科莫多巨蜥喜欢潜伏在猎物的视野之外，在灌木丛和长草中徘徊，因此如果你处在这种环境中，一定要保持警惕。如果没有当地导游的陪伴，那就不要进入科莫多巨蜥的领地，因

为岛上的当地人知道如何与这些动物共处，而你不知道。因此，一定要严格听从导游的指示。

经验丰富的导游可能会携带一根叉棍来击退捕食者，也可能扔石头赶走它们——如果面对的是一两头科莫多巨蜥，这也许是个合理的战术。但如果遇到的科莫多巨蜥数量较多，那你只能自求多福了。

遇到危险时，你应该保持镇定和安静，并跟紧你的旅行团，人多还是会比较安全的。如果你侥幸避开了一次攻击，不要放松警惕，因为科莫多巨蜥恢复很快，它们很可能折回来再发起一轮攻击（还可能带来援兵）。如果你足够幸运，成功逃离科莫多巨蜥的魔爪，那么务必珍惜这次好运，马上离开那个地区。

你敢去做吗

55 用舌头碰到鼻尖

这是什么? 终极"饶舌"。
为什么你还不去做? 完成这
一挑战需要你"舔功"了得。

2011年,美国评书家大卫·奥尔出版了一本名叫《无与伦比与漫无目的》(*Beautiful & Pointless*)的书。这本书里他一直在谈"触碰鼻子"的艺术。倘若你是个十足的吃货,以将食物放在鼻尖为乐,那这无疑是一项非比寻常的技能。当然,这项技能还能给他人带来不小的乐趣。

如果你的鼻子可以随心所欲地伸展,那么请尽早求医,或者前往拉斯维加斯靠演出挣钱(那儿的人喜欢这类玩意儿,就像《罪恶之城》里展示的一样)。哦对了,你还有个选择——改名为匹诺曹。不管怎样,假如你有这项天赋,用舌头舔到鼻子就是件轻而易举的事,要知道像我们这样的普通人费尽全力也只不过是让舌头动动。

当然,普通人要想实现这一目标,也不是不可能。最关键的是要定期做些舌头训练,尽可能让舌头伸长,保持住,数到十再放松。英格兰传奇守门员彼德·希尔顿小时候常常垂吊在栏杆上,借此拉长他的手臂——这类训练方式或许对于舌头也同样适用。

当你做好了十足的准备,那就开始伸出舌头,尽可能地伸直并保持住(此刻你可以配上一些鼓点来助威)。按照专家的建议,你接下来应该用上唇抵住上排牙齿。然后用下唇推送舌头使其尽可能弯曲,并朝鼻子的方向伸去,直到舌尖触碰到鼻尖。整个过程你要尽量放松——毕竟成功的关键在于冷静而精确的控制,更何况一条紧张的舌头根本无法伸长。

有些挑战者喜欢在镜子前排练。眼看着舌头就要抵达鼻尖而你需要一点儿鼓舞时,可以考虑用手轻轻推动舌头。但出于卫生方面的考虑,在演练之前最好清洗干净你的双手、脸部和嘴巴。

不论在这个过程中付出多少努力,有些人的身体构造就决定了他们完成不了此项壮举。这时也许只能放弃,不过知道自己尽了力,也该心安理得了。

56 睁着眼睛打喷嚏

这是什么? 战胜自然本能的挑战。

为什么你还不去做? 如果你天生如此, 又为何要反抗规律?

从技术上讲, 打喷嚏被认为是一种身体借此对鼻子和鼻窦进行清洁的巧妙方式。但是, 请你仔细回想一下, 你在打喷嚏时看到过什么吗? 是不是什么都没有看到? 那是因为你根本无法睁着眼睛做这件事, 除非你天赋异禀。

打喷嚏的冲动源自有刺激物碰到你鼻孔里的黏膜。这会导致组胺刺激鼻子的神经细胞, 在大脑中产生一系列反应, 最终引发喷嚏, 从而排出氧气、黏液和外来颗粒的混合物。

一个喷嚏的力量可不容小觑——虽然这很难精确测量, 并且人与人之间的差别也很大。但是, 一个正常的喷嚏可以爆发出一股速度高达每小时 160 ~ 320 千米的空气。事实上, 伟大的美国性学研究先驱阿尔弗雷德·金赛博士就曾经把性高潮和打喷嚏相提并论。

打喷嚏的行为使你的整个身体都受到压力。长期以来, 一直有调皮的人戏称, 如果我们在这个过程中不闭上眼睛, 眼珠就可能被弹出来。这种说法当然是不正确的。相比之下, 一个听起来更为可信的说法表示, 紧闭的眼睑更可能是要保护眼睛免受周围环境中各种细菌的侵袭。然而, 这两种理论在医学界都没有太多的支持者。

事实上, 我们眨眼的原因很简单, 就是一个简单的反射反应——当某样东西过于靠近我们的脸时, 我们也会闭上眼睛。鼻子和眼睛通过共同的颅神经相连, 因此当大脑发出命令告诉鼻子要"打开大门"时, 另一个信号也会自动到达眼睑, 告诉它们要眨眼。

尽管如此, 一些人已经能够训练自己睁着眼睛打喷嚏。很多人只需要反复地在打喷嚏的关键时刻撑开眼睑就能做到。有人会觉得这么做很有趣。但大多数人还是不禁疑惑, 这到底是为了什么呢? 难道看着自己鼻子喷出东西不恶心吗?

你敢去做吗

57 "连线" 逝者

这是什么? 与"另一个世界"的人沟通。

为什么你还不去做? 死人一般不会说话。

没有比失去至爱更痛苦的事了,尤其是当我们没有机会好好地跟他们说再见时,所以几乎每个人都希望能够通过某种方式与逝者交流。这在科学上是站不住脚的,对于那些声称可以帮助人们实现这一愿望的,科学认为统统都是骗人的把戏。然而,更多人却认为"宁可信其有,不可信其无"。

早在 19 世纪中期,深信灵界可与生者公开通信的唯灵派备受人们青睐,他们的声望在第一次世界大战后达到顶峰。盛行伊始,唯灵主义在科学界却备受冷遇,鲜有享有盛名且德高望重的拥护者加入。拥护者中最著名的也许就是《夏洛克·福尔摩斯探案集》的作者阿瑟·柯南·道尔了。唯灵主义是一场信仰运动,那些持怀疑态度的人被信徒们谴责为缺乏信仰。

最知名的唯灵主义者或许就是灵媒了——他们声称能在生者与逝者之间沟通交流。但不同灵媒的交流方式却大相径庭,大致有两种主要派别。第一种派别的灵媒自始至终都保留了自己的品性,与逝者"对话"(通常在"灵魂引导者"的帮助下),然后将相关信息传递给生者。第二种派别的灵媒则进入迷幻状态并与逝者灵魂取得"联系",他们通常采用怪异的语言或装扮。

灵媒受到了许多批评,尤其是被指责利用他人在遭受重大损失时内心的脆弱,骗取金钱和情感。常见的指控也包括根本不存在所谓的"通灵",灵媒只不过是运用了"冷读术"和"热读术"。冷读术指的是信息的推理与整合,比如通过解读体态、肢体语言、声音变化来了解对方的心理,再宣称自己已经将灵界的信息传递给他们。热读术的手段与冷读术大同小异,只不过灵媒获得消息的途径是在约见或通灵开始之前——一般情况下,他们会对客户进行复杂的背景调查。

有些唯灵论者特别喜欢举办通灵会。因为在通灵会上信徒云集,最适合集中能量唤醒魂灵。一般情况下,通灵会由三个或三的倍数的通灵者构成,外加一个灵媒——尽管灵媒的列席能够活跃整个活动的气氛,但实际上他是可有可无的。

宾客围坐在圆桌周边,点燃的蜡烛预示

你敢去做吗

那儿真的有人吗? 美国发明家伊莱贾·邦德向世人介绍，直到第一次世界大战，显灵板才成为灵媒的主要工具。关于超自然现象证据的辩论持续升温。

着集会的开始。宾客与邻座手挽着手，和通灵会主持一起念着简洁的祷告。接下来就是呼唤"灵魂"参加集会的咒语。交流建立在询问"是（Yes）"或"否（No）"这类问题上，这样方便"灵魂"用敲桌的方式做出回应（敲一下表示"是"，敲两下表示"否"）——这一做法的效用常被怀疑论者所诟病，因为他们认为这一现象可以通过多种方式实现。与会人员松开双手，吹灭蜡烛，通灵会结束。

另一种与灵界建立联系的普遍方法是显灵板（Ouija Board）。显灵板的发明时间大概在 1890 年，刚开始是作为一种超自然主题的室内游戏而流行。它是一块矩形木板，上面印有字母，呈新月形分布，下面排着数字 0 ~ 9。单词如"是""否"和"再见"也位列其中。

另一个重要的道具就是占卜写板，它专门用来指示特定的数字、字母或单词。

整个过程需要至少两名人员参加，其中一个人负责向"灵魂"提问。整个"通灵活动"邀请的都是带有善意的"灵魂"。一开始问的是简单问题，只需要用"是"或"否"来回答。参与者不断触摸占卜写板，相应的答案也自然形成。随着"通灵活动"的继续，问题也越来越复杂。倘若答案令参与者感到不安，则活动可以人为终止——将占卜写板移到"再见（Goodbye）"的位置（或将该单词拼写出来）并合上显灵板。

多年来，关于显灵板招来恶灵的消息层出不穷。比如在 1920 年，有媒体报道整个加利福尼亚都沦为了"显灵狂热症"的牺牲品，居民患上了严重的精神问题。尽管这一事件可以用诸如大规模歇斯底里症这样的原因来解释，但显灵板最好还是谨慎使用，切不可将其当作普通玩具看待。

58 发现行星

这是什么? 发现遥远的新世界。

为什么你还不去做? 因为宇宙太庞大了,星星并没有那么容易被发现。

你会在夜晚抬头仰望满天繁星时幻想自己也能发现一颗新的行星吗?你曾经梦想过将来有一款天文望远镜会以你的名字来命名吗?如果发现行星是你的目标,那么建议你不要局限于我们所在的太阳系,超越天王星与海王星,寻找新的行星吧……

按照官方的说法,太阳系有八大行星。过去认为是九大行星,但美国天文学家克莱德·汤博发现的冥王星在 2006 年被认为是"矮行星"。八大行星中最"年轻的"是海王星,在 1846 年由法国的奥本·勒维耶通过数学计算发现。天王星和海王星都可以通过肉眼看到,所以你一定认为搜罗行星不是一件困难的事。然而事实是长时间以来,观测太阳系的科学家成功发现的新行星寥寥无几。所以,你的前景并不乐观。

但说到太阳系外行星,情况就不一样了。自从 1992 年第一颗外行星确定之后,先后确定身份的行星已超过 700 颗,且数量还在增加。但要确定太阳系外行星的位置并不是一件简单的事,因为它们极度暗淡(通常只有在星光的反射下才发光),距离遥远,所以它们总是消失在母星的璀璨星光下。实际上,我们肉眼几乎看不见它们。

但这并不意味着我们无法观测到外行星。

想要达到目标,第一步是用数学推导出行星的轨迹。当然,你还需要财力雄厚,寻求一家大型宇航机构的赞助就显得尤为重要。要是还能带上一群智力非凡的天才做助手,那就最好不过了。

接下来要介绍的就是 6 种探测行星的普遍方法:

·直接探测法。该方法极具挑战性,旨在利用先进的红外线分析设备来进行探测以得到直接的观测结果。

·径向速度法。当行星围绕恒星轨道运转时,星系中心恒星的轨道速度会有微小变化。因而天文学家可通过分析星光的频谱来探测行星。通过研究著名的多普勒频移的变化,天文学家可算出任何较大行星的质量和轨道。

·天体测定法。该方法依赖于探测由沿轨道运行的行星所引起的恒星的轻微移动。实际上,天文学家寻找的是那些"晃动"比较明显的恒星。

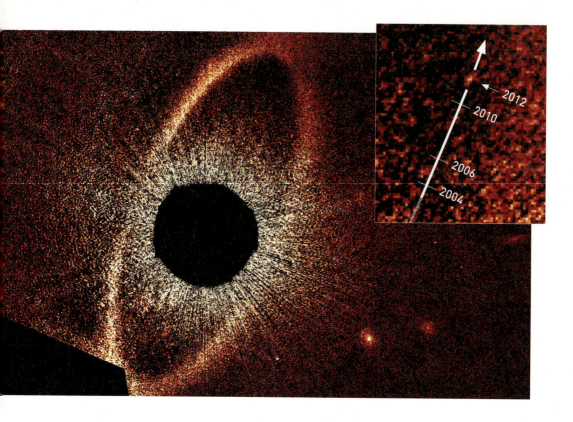

深空 哈勃太空望远镜的图像显示了北落师门星（Fomalhaut）和它的原行星盘（致密气旋转盘）。北落师门星属于南鱼座（Piscis Austrinus），距离地球约 25 光年。插图记录下了一颗疑似行星在盘内移动的轨迹。

·凌日法。天文学家们利用特殊设备来探测恒星周期性的变暗，这种变暗是由于行星穿过恒星和探测器之间时挡住了恒星的光。

·重力微透镜法。该方法使用了爱因斯坦的相对论。当行星经过恒星时，重力起了透镜的作用，将恒星的光线聚焦，使恒星的亮度临时提升，看起来像是在轻微移动。

·偏振测量法。当星光从行星处弹回并穿过大气时会朝着特定的方向振动（一般情况下，光线总是朝任意方位振动），该方法正是运用了这一原理。

对你来说如果以上方法都很困难，那其实坐在家里发现行星最适合你——只要一台电脑就足够了。在 2010 年，世界顶尖大学的科研人员创建了一个名为 planethunters.org 的网站。这是一个凌日搜寻系统，你也许能在这里尽自己的一份绵薄之力。

你敢去做吗

59 施展心灵感应

这是什么？ 用"读心术"寻找答案。
为什么你还不去做？ 不是所有人都有这一能力，也许其实根本没人有。

心灵感应是通过超越已知感官的方式传达思想或信息的行为。大多数科学家认为这一提法纯属胡扯，但仍旧有人相信它的存在。那么，你拥有这项神奇的天赋吗？

"心灵感应"这一术语是由诗人和心理学研究者弗雷德里克·迈尔斯在维多利亚时代末期提出的——当时人们对超自然现象兴致盎然。大多数人声称该天赋需要信仰。他们说，如果你不相信心灵感应的存在，那么你也就无法获得该技能。换句话说，怀疑论者不会拥有这项技能。

以下是"心灵感应"的基本实验。由于心灵感应需要一个以上的参与者，所以你要找到一个或两个开明并且愿意帮助你的朋友一起参与。

· 准备 7 ~ 10 张"闪示卡"。在每张卡上写一个简单的单词或画一张图片。在这个阶段不要选择太复杂或抽象的东西："猫"或"房子" 就比 "汽化器" 或 "帕尼尼" 更好。

· 与你的伙伴以轻松的姿势面对面坐下，记得选择安静的地方以避免分心。

· 确定好你们谁是"发送者"，谁是"接收者"。接收者应设法将任何无关的想法和忧虑从大脑里清除。按照理论，大脑空白，才更容易接收消息。

· 发送者随机挑选一张卡片并专注于卡片上的图像，在心里默默重复半分钟左右。接收者此时闭上眼睛并试图从发送者处获得信息。当他认为有感应时，他应该说出或记下这个词并检验正确与否。一些文艺青年更偏好在脑海里形成图像，然后在速写板上画出来。

· 几分钟后，发送者和接收者可以互换角色并重复实验。接下来的实验里，你可以使用扑克牌或者从杂志中选择随机的单词和图片，然后传递它们的信息。如果实验结果是乐观的，也别高兴得太早，这也许是心灵感应告诉你的，但还有可能是潜意识导致的，或者你只是恰好走运猜对了。

60 邂逅渡渡鸟

这是什么? 毛里求斯岛上早已灭绝的动物。

为什么你还不去做? 英语中"像渡渡鸟一样彻底完蛋（dead as a dodo）"这一习语可不是凭空出现的。

渡渡鸟是鸽子的亲戚，外形笨拙，作为灭绝物种，常以"海报鸟"的身份出现。如果不是在《爱丽丝梦游仙境》中出色的表现，人们可能都不记得世界上还曾经出现过这种鸟类。如今你要想一睹渡渡鸟的真容，那动身前往牛津吧！然而，当你亲眼看到"渡渡鸟"时，很有可能会大失所望。

数百万年来，渡渡鸟（学名为 Raphus Cucullatus）在印度洋的毛里求斯岛过着天堂般的幸福生活。大约在一千万年前，火山喷发形成了毛里求斯岛。不久之后，渡渡鸟的祖先飞来此地定居。在这个热带天堂里，由于缺少天敌，生活闲适，慢慢地，渡渡鸟进化成一种不会飞的鸟。因为不再受飞翔"困扰"，成鸟的身形可长至 90 厘米，重达 20 千克。渡渡鸟羽毛呈灰色，翅膀短小，以掉落在地面的果实为主食。

1589 年，一群饥饿的荷兰水手在毛里求斯岛登陆，这改变了一切。渡渡鸟很快成为水手们捕猎的目标。尽管渡渡鸟的肉质粗糙，毫无美味可言，但还是遭到水手的大肆猎杀。不仅如此，渡渡鸟还因为味道不好而被称作"恶心的鸟"。除了猎杀渡渡鸟，人类还带来了一群捕食者——猪、老鼠、狗和猫。仅仅用了 80 年的时间，这些猎食者就完全侵占了渡渡鸟的栖息地，将它们赶尽杀绝。可悲的是，渡渡鸟灭绝后连一副完整的骨架都没有留下。一些著名的博物馆，如都柏林博物馆和牛津博物馆，声称它们保留了渡渡鸟的骨骼，但其实是由不同生物的骨头合成的。

最完整的渡渡鸟骨骼于 2007 年在毛里求斯的一个洞穴里被人发现。在那之前，保留了最完整的渡渡鸟骨骼残骸的是牛津大学自然博物馆。此外，填充完整的渡渡鸟标本被收藏在博物学家约翰·特拉德斯坎特的伦敦博物馆里。但这副标本在 18 世纪中期严重腐烂，如今只剩下头部和其中的一只脚保持着完好的干化状态。尽管如此，依然有无数文学家（比如以《爱丽丝梦游仙境》而闻名于世的路易斯·卡罗）持续不断地撰写着渡渡鸟的传奇故事。

你敢去做吗

The Dodo.

Geo Edwards, Sculp: A.D. 1759

61 找到两片完全一样的雪花

这是什么？ "大海捞针"。
为什么你还不去做？ 光是"保存"两片雪花就不是一件容易的事。

望着冬天窗外银装素裹的世界出神，想象世界上会不会存在一模一样的雪花，还有比这更浪漫的事吗？"世上没有两片完全相同的雪花"这一结论由威尔逊·本特利提出。大概在 1885 年，这位业余科学家第一次构想出拍摄雪花细节的方法。

本特利这一结论的得出，得益于他多年来的仔细研究。为此，他曾经研究过 5000 多张雪花图片。但是这一结论在现代科学领域站得住脚吗？雪花是由富含水蒸气的湿润空气遭遇低温凝结而成的。水蒸气冷凝并迅速在尘埃粒子上结成冰晶，构成雪花的基本结构。雪花大多呈六边形，是因为水分子之间相互连接。

事实上，雪花的形状取决于许多因素，包括温度、气流、飘落的速度、湿度以及与其他雪花的距离。雪花会在"空气柱"中频繁地上升或下降，并改变形状，直到重量足够抵达地面。水滴中的杂质同样也会影响雪花的整体结构。所以雪花飘落到地面时不带着点缺陷和不对称的概率非常之小。要随机找到两片形状和尺寸都相同的雪花的可能性就更低了。然而，在 1988 年，科罗拉多国家大气研究中心的南希·奈特在显微镜下发现了两片"完全一样"的雪花。它们取自一架收集雪花的探测飞机的起落架滑板。这能够说明本特利是错误的吗？

但话说回来，如果从分子层面看，那又是另外一回事。即便是最小的雪花也包含了大概 10^{18} 个水分子。在每 500 个水分子中大概就有一个含有重氧同位素——是 18O 而不是标准的 16O。所以即使是如此小片的雪花也有可能包含数不清的不同的水分子。退一步来说，就算真的存在每一个水分子都相同的两片雪花，你又如何去证明呢？

你敢去做吗

62 捉鬼

这是什么? 追寻"灵魂"。
为什么你还不去做? 这个世界上真的存在"鬼"吗?

我们并不知道鬼（死人的灵魂）是否存在，但可以确定的是我们对于"人死灵魂不灭"这一观点深深着迷。如果你从来没有被恐怖电影或者游乐场里的幽灵列车吓到过，那不妨去尝试下捉鬼。注意，你可能真的会找到一个……

在我们的理性世界中，鬼似乎是一种无稽之谈——然而 2008 年的一项调查显示，34%的美国人相信鬼魂的存在。当然，对待所有进入超自然范畴的调查，我们应该保持慎重的态度：如果事情看起来有些蹊跷，先别急着下结论，看看能否用科学来解释。

倘若科学都无法提供答案，那么你可以去推测这些鬼魂或许真的存在。套用莎士比亚的名言："天地之大，是你的睿智无法想象的。"

那些认为鬼魂确实存在的人认为，鬼魂的出现是有迹可寻的。其中包括：

·幻影（比如安娜·波莲总是胳膊夹着头飘过走廊）。

·无法描述的声响。

·奇怪的气味。

·"冷点"——房间的某个位置温度突然降低。

·动物骚动。

·物品的神秘移动（这意味着一只恶作剧鬼现身了）。

如果你真的打算要捉鬼，首先得选一个极有可能闹鬼的位置，并确保你有权限进入。鬼魂有可能在任何地方出没，但那些有着长期悲惨历史的地点似乎更受它们青睐。例如有着残酷死刑和严刑拷问历史的伦敦塔，或者是发生过特大凶杀案的米尔特勒斯大农场。

务必做好事前的调查，可以通过阅读书籍、浏览报刊文献来了解你所选地址的历史。除此之外，记得多和所选地址的居民或雇员交流沟通，这样才能弄明白到底是谁在闹鬼，原因是什么。

千万别忘了武装自己以及收集鬼魂的证据。一个幽灵猎人的典型装备包括：

·夜视镜——最佳捉鬼时间是午夜到凌晨四点，那会儿漆黑一片，什么都看不清楚。

·照相机和摄影机——拍照或录像时可能并没有发现什么不正常的，但回看这些图像时通常会有意想不到的收获（比如发光的"球形

你敢去做吗

幽灵猎人 2005年，两名"超自然现象调查游兵"丹尼尔·比东迪和迈克·韦利弗试图诱使住在罗德岛坎伯兰修道院（Cumberland Monastery）的鬼魂现身。

物"）。

· 一个电磁场测定仪——用来追踪不正常的电磁波动。

· 一根占卜杖，通常是一根叉状的树杖；人们相信占卜杖能揭示不明"能量场"发生的变化。

· 一个数字温度计——辅助确认"冷点"的位置。

· 一台录音机——捕捉任何另外一个世界的声音。

· 红外传感器——追踪房间里无法解释的移动。

此类调查不可避免地要在不可控的环境下进行，所以不少怀疑论者质疑此类证据收集方式的有效性。此外，对于大多数普遍报道的灵异现象，科学界也给予了具有说服力的解释。比如冷点就被认为是自然现象，而摄影中的灵异现象则归因于光线、尘埃或水粒子的不定性。所以，如果你确信自己真的撞见了鬼，那么最好能提供足够多的证据。

最后一条建议，捉鬼时请不要独自一人，这是为了你的安全着想。

63 时光旅行

这是什么? 修改时间的线性本质。

为什么你还不去做? 看看电影《回到未来》，你就会发现问题所在。

除了好战的火星人，没有什么比时光旅行更受科幻作家青睐的了。如果你渴望回到过去、前往未来，或时光倒流与曾祖父相见，那么不妨来看看真正的时光旅行会有多大的概率能实现。

从某些方面来说，我们已经是时间旅行者——一秒钟前我们在"过去"，而这一秒就到了"现在"，很快我们就会出现在"未来"。好吧，这种说法可能是作弊。真正的时光旅行要比正常速度更快地前往未来，或时光倒退回过去。

目前来看，加速前往未来有着很强的科学依据。阿尔伯特·爱因斯坦著名的广义相对论阐述了时间因为受大质量物体的重力影响，以至于在不同位置有着不同移动速度的理论。这种效应被称作"引力时间膨胀"——例如，与

连接时空的桥? 对于存在幻想的时光旅行者，虫洞提供了一些希望。你可以这样理解：所谓的时光旅行就是将空间和时间想象成一个二维折叠面，允许某座"桥"将两个不同的点连接起来。

你敢去做吗

地表时间相比，运行在地球轨道上的 GPS 卫星每天所接收的时间要快约十亿分之三秒 。

通常情况下，我们并不会注意到这一点。但是如果我们正在接近一个巨大的黑洞，例如在银河中心的黑洞人马座 A（Sagittarius A），我们体验到的时间会比地球慢一半。如果我们在年初离开地球，花了一年时间围着黑洞转，那么等我们回到家时，地球上已经过了两年。我们会在时间里走向未来。

当物体以接近光的速度移动时，另一种形式的时间膨胀就应运而生了。一旦接近宇宙的终极速度，只要一个星期，你就能前往一个世纪以后的地球。但要实现这一点，你需要一辆比最快的载人航天器速度还要快 2000 倍的运载工具。

已经晕头转向了吧？我们还没开始回到过去呢。对此，即使是在理论上，我们最伟大的科学家们也持否定的态度。但假设真的可以，人们认为答案依然是黑洞。具体来说，"克尔黑洞"（Kerr black hole）是由以特定方式运转的超密中子星环产生的理论结构。这个黑洞可以在某个点把你吸住，在另一个点把你抛出来，可能在未来，也可能在过去。

另一个人们更为熟悉的概念是虫洞。这是通过空间和时间连接宇宙遥远区域的假想通道。科学家认为，虫洞存在于宇宙的亚微观"量子泡沫"（Quantum Foam）中——但它们的入口通道小于十亿分之一厘米。显然要挤进那样大小的入口，光是减肥塑形是不够的。但不要绝望，一些乐观的科学家认为，总有一天人类能构建出一个大型虫洞。

物理学家理查德·戈特概述了他的宇宙弦论：比一个原子更窄的物体可以施加巨大的重力牵引，并以此影响时间膨胀。通过将两弦连接在一起，或许能够形成一个时间循环，将你推向未来或回到过去。

许多理论家确信，就算时光穿梭到过去是可能的，我们也无法回到时光旅行方法发明前的时间里。这解释了为什么到目前为止，未来的旅客还没有蜂拥而至。

当然，如果事实证明我们可以穿梭到过去，我们仍然需要解决因果律的问题。如果一件事的发生是另一件事的结果，如果我们回去改变初始事件，那将会发生什么？这就是著名的"祖父悖论"——如果你决定在你的祖父还是孩子时回去杀死他，那么你的父亲就不会出生。如果你父亲没有出生，那你也不存在。那么你怎么能在第一时间穿越回去呢？

如果你还想了解更多，那么看看《回到未来》系列电影吧。

64 自燃

这是什么？ 毫无预警地着火冒烟。

为什么你还不去做？ 热辣闪亮的造型虽然很酷，但是……

2011 年，在爱尔兰戈尔韦（Galway）的一间房子的卧室里，一位 76 岁的老汉被发现面部朝下躺在壁炉边。调查表明该老汉死于自燃——一种科学家认为并不存在的现象。它会发生在你身上吗？

据人体自燃事件的"资深粉丝"称，这种现象通常在没有外界明火的情况下发生。在大多数报道过的案例中，受害者的身体已经焦黑，但周边的一切却没有丝毫损坏。

最早的人体自燃案例发生在 1633 年，丹麦解剖学家托马斯·巴托林详述了一位巴黎女士如何在睡觉时被烧光，但身下的草垫床却完好无损。而最著名的案例要数查尔斯·狄更斯的小说《荒凉山庄》（*Bleak House*）中落魄商人库鲁克的自燃死亡。

据估计，在过去的几个世纪里，媒体报道了大约 20 万例人体自燃事件，其中大部分案例并没有科学的解释，调查者们依旧围绕着事故的引发原因争论不休。有些人认为自燃是神在干预；而另一些显而易见的说辞，比如睡衣燃烧之类的也被逐一排除。

"灯芯效应"是科学家们常援引的理论：人体内的脂肪为自燃提供了燃料。任何燃烧都需要燃料及足够的温度，很大一部分自燃事件

的受害者都是超重体形，体内脂肪可能就是罪魁祸首。但事实上，也有不少自燃的受害者是纤瘦体形。

也许"灯芯效应"与过量的身体脂肪无关。在该效应的作用下，只需要普通的火源，比如打火机点燃了受害者的衣物，再加上外露的皮肤脂肪，那么受害者就好似一支"人体蜡烛"——衣物是灯芯，脂肪是蜡。"灯芯"慢慢燃烧直到脂肪耗尽，而周边一切却安然无恙。然而灯芯效应对于那些皮肤焦黑但内脏完好的受害者还是无法给出合理解释。同时，内脏完好这一现象也有悖于"人体自燃是由于酶类引燃了肠道里的易燃甲烷"这一观点。

有人认为是静电累积导致衣物及体内燃烧（事实上，在报道中，人体自燃受害者很少是裸体的）。也有人认为是人体所在的电场发生短路导致体内因电着火。另外一种广泛流传的理论认为自燃的原因是受害者体内的血醇水平

你敢去做吗

达到了燃点——比如《荒凉山庄》里的库鲁克就是一个酒鬼。当然，科学界对于血醇自燃这一观点依旧持怀疑态度。

自燃其实是需要一种极罕见但并非不可能的环境巧合——这是目前最为理性的解释。外界火种（像点燃的雪茄或烟灰）为引燃衣物等易燃材料提供了热量。当受害者无法逃离也无法扑灭火源时，衣物就成了灯芯。接着他们身体的脂肪为燃烧提供了燃料，但又与周遭物品有足够的隔离，因而周边的东西并未点燃。最终人体脂肪烧尽，人体灰烬将火灭掉。

自燃之谜　以下可怕的场面发生在 1958 年 1 月的伦敦西区，一位 69 岁女士的遗体。当时身体已成灰烬，官方给出的死亡原因是"超自然燃烧"。

65 被雷电击中两次

这是什么？ 令人震惊的"电击巧合"。

为什么你还不去做？ 这个世界上能够如此走运的人，少之又少。

根据民间传说，雷电从来不会击中同一个地方两次。虽然听着挺让人欣慰的，但这个说法与事实相去甚远——雷电多次击中同一个地方是经常发生的。当然，你肯定一次也不想被雷电击中，更不用说两次了。

2003 年，美国国家航空航天局在美国亚利桑那大学资助的一项科学研究收集了将近 400 次的雷击位置。从中，他们发现大约 1/3 的雷电击中了两个邻近的点。其中又有许多出现了第三次甚至第四次雷击，并且这些雷击很有可能是遵循前两个雷击路径的某一条。所有这一切都表明，在一个地方被雷电击中两次是很有可能的。

我们对于雷电仍然知之甚少，不过当在暴风云底部的负电荷和地面上的正电荷之间的强电场越来越强时，闪电便会一触即发。因此，雷击的本质是恢复电荷之间的通路，在其尾迹中留下带电或"电离"空气的痕迹，为下一步雷击打开通道。

如果一个物体被击中过一次，那么它再次被击中的可能性依然存在，那些位置突出的地点显然容易遭到雷击。例如，帝国大厦每年被击中的次数是 25 ~ 100 次。

在任何一年，你被雷电击中的概率大约是 70 万分之一，死亡率约为 10%，死亡原因通常是电流击停心脏或损害其他主要器官。幸存者可能会出现烧伤和雷击后遗症。

如果你在雷雨天气外出，那么你就很有可能被雷劈中。站在高大的物体附近，比如树或高塔旁，被雷电击中的概率将大大提升，同样"作死"的行为还有高举雨伞、放风筝，或挥舞高尔夫球杆。

当然，世界上也存在着幸运儿，罗伊·沙利文在同一个地方遭受到不止一次雷击并且活了下来。他是弗吉尼亚州公园护林员，于 1942 年首次被雷电击中。27 年后遭遇第二次，1969 年至 1977 年他总共遭受了 6 次雷击。他还说自己在童年时期就遭遇过雷击，不过这个说法并没有得到证实。

66 目击 UFO

这是什么? 亲眼看到外星人飞越天空。

为什么你还不去做? 那些初来乍到者因为神秘才显得与众不同。

你觉得《外星人 ET》和《X 档案》是纪录片吗? 除了人类, 宇宙中还存在其他智慧生物吗? 那些载着小外星人的飞碟到底有没有从我们的天空中呼啸飞过? 如果你相信这些事,那么毫无疑问,你会很乐意亲眼目击 UFO——但外出寻找外星人之前,你得先做好准备。

严格来说,"UFO"一词是指不明飞行物体(Unidentified Flying Object)。你当然不能因为没法立刻辨别出一个物体就不假思索地认为它是一个飞碟,由一群小外星人驾驶着,想要毁灭地球。事实上,绝大多数关于 UFO 的报告都只是个"误会"。

目击 UFO 的具体数据难以统计和验证——相关报道都是些未经验证的小道消息,有些人总是亢奋地大肆吹嘘自己与不明飞行物的"亲密接触",另一些人则更加谨慎,不愿意让别人觉得自己是个疯子。然而,据估计,所有的目击报道中 80%～95%的目击可以以某种方式解释,但剩下的 5%～20%仍然是未解之谜。

所以,如果你认为你可能发现了一个 UFO,尝试采用科学和理性的方法去研究它,你首先要做的就是逐一排除它"不是"什么:

· 天体,如行星、月亮或恒星,尤其是金星,经常被误认为是不明物体。如果你一夜又一夜在天空的同一个地方看到强光,那可能它只是恒星。请购买一张星图以便及时参考。

· "正常"的空间现象,例如小行星划过天空,毕竟地球经常穿过流星群。当然,如果一颗特别大的流星经过我们的轨道,往往新闻就会予以报道。

· 人造航空器。技术一直在发展,考虑下你瞥见的是否可能是一架实验性飞机或重新进入大气层的人造航天器。它甚至可能只是一颗卫星。美国国家航空航天局(NASA)和其他网站公布了某些明亮的卫星(例如国际空间站和铱通信卫星)在特定地点可见的时间表,因此你可以检查其记录以获得可能的解释。

· 气象探测气球。多年来这些用处多多的气象工具在 UFO 探测者里引起了很多混乱,甚至在它们坠落地球时还会引来大量新闻报道。

照亮的一群鹅。

· 自然光现象。幻影是在光线弯曲时造成的，这让我们觉得看到了天空中某些东西，但却并不真正存在。某些极端的例子被称为"海市蜃楼"，能将地面上物体的形象投影到天空，呈现亦真亦幻的形态。类似的还有幻月，由冰晶折射月光所产生的非常亮的光点。

· 需要提防的还有蓄意的骗局。不明飞行物的故事会带来大量的金钱和名望，因而很多人会蓄意捏造。例如兰道森森林事件：1980年，在英格兰东部的美国空军基地的工作人员报告了一串不明原因的灯光。但在 2003 年，一名负责安全的警察声称这串光实际上来自他的普利茅斯飞驰汽车（Plymouth Volare），只是一个精心设计的恶作剧。

如果你确信目击到的 UFO 不是上述的任何一种，那就快点收集证据。准备好相机或录音机——或至少，做些笔记，画画素描。你也许想通知当局，但他们可能只会当你在开玩笑。

如果你对寻找 UFO 兴致勃勃，那么以下地方肯定是你不能错过的。许多 UFO 研究者认为新墨西哥州的罗斯威尔和内华达州的美国空军 51 区是他们的精神家园。洛杉矶是目击报告最多的城市——但它毕竟是个"娱乐业之乡"。苏格兰的邦尼布里奇呢？据报道，在这个只有 6000 人的小镇，每年有 300 多人目击过 UFO。但怀疑者指出，这些报告对当地的旅游收入是个巨大的提升。

不管怎么样，绝大多数的 UFO 都有一个合乎逻辑的解释，你要做好心理准备去接受它——即使这个解释普普通通。

外星人入侵？ 这是一个警告闯入者莫误入内华达州 51 区（Nevada's Area 51）的标志。这是一个执行高度机密任务的军事基地，长期以来，许多人都声称该基地的作用是存储一架坠毁的太空飞行器——据称这架飞行器是 1947 年从新墨西哥的罗斯威尔（Roswell）回收而来。

· 火炬、烟花或探照灯，所有这些都解释了许多神秘的闪光。

· 动物活动——你所认为的火星人登陆艇可能是一小群正在迁徙的鸽子，或被水下光源

67 解决"千禧年大奖难题"

这是什么? 一系列极其复杂的数学难题。

为什么你还不去做? 因为问题并不总是像"二加二等于四"这么简单。

2000 年,位于罗德岛普罗维登斯(Providence)的克雷数学研究所(Clay Mathematics Institute)发布了七个非常烧脑的数学难题。如果你喜欢玩数独游戏,并且能在几分钟内爬到最高难度,那么"千禧年大奖难题"将会成为你最新的挑战。

证明这七个命题中的任何一个成立(或不成立)不仅是数学家毕生的梦想,对于诸如航空学、医学、哲学、计算和理论物理等学科领域的研究者也有着非凡意义。最重要的是,如果你能解决其中的任何一个难题,你将有资格获得一百万美元的奖金。

首先,选择你要解决的难题(除非你是天才,否则一次解决多个问题是不现实的)。目前,解决了的千禧年难题只有一个。剩下的几个……光是解释它们就能写一本书了。

· 黎曼猜想(The Riemann Hypothesis):波恩哈德·黎曼的 1859 公式描述了素数的分布,但是谁能证明它对所有的数字都成立呢?

· 霍奇猜想(The Hodge Conjecture)涉及代数和几何之间的灰色区域,但是难度远远超出了我们大多数普通人的想象。

· 贝赫和斯维讷通 - 戴尔猜想(The Birch and Swinnerton-Dyer Conjecture)是有理数、椭圆曲线和未解公式的混合猜想,令人晕头转向。

· 杨 - 米尔斯(Yang-Mills)存在性与质量间隙(对我们理解量子物理学有深刻的影响)和纳卫尔 - 斯托可定理(Navier-Stokes Theorem)——这绝对不是初学者能解决的问题,它们与 19 世纪一系列流体运动方程有关。

· 接下来是"P 与 NP"问题,一种涉及问题解决理论本身的元问题。

· 第七个是庞加莱猜想(Poincaré Conjecture),它与存在四个或更多维度的形状的问题有关。这是唯一一个目前已经解决了的难题。

2010 年,克雷研究所宣布,俄罗斯数学家格里戈里·佩雷尔曼证明了庞加莱猜想并有资格获得奖金。然而,佩雷尔曼拒绝了奖金。据说是因为他认为奖金应与理查德·汉密尔顿共享,因为他借鉴了汉密尔顿的理论——显然对于有些人来说,金钱并不是一切。

68 隔空移物

"隔空移物"这个术语由俄罗斯作家亚历山大·阿克萨科夫(Alexander Aksakov)于 1890 年创造——表示一种利用人类意念移动远距离物体的能力。尽管只有少量科学证据证明它存在,但世界卜各个超级大国依然乐此不疲地对此进行调查。

隔空移物是"念力"的一个分支,指的是一种凭借心灵力量来影响物理世界的能力。在美国 2006 年的调查中,约 30% 的受访者表示他们认为这个设想是可能实现的——尽管从来没有科学实验证明过这一点。众所周知,美国和苏联政府都在冷战期间积极参与隔空移物和念力的研究。例如,美国人熟知的绝地计划(Project Jedi)就旨在创造一种能够单凭意念就置他人于死地的"超级战士"。

该计划在《以眼杀人》(The Man Who Stare at Goats)一书中有着详细描述——该名取自北卡罗来纳州布拉格堡的一系列实验,心理学家试图通过聚焦意念以杀死山羊。尤里·盖勒可能是世界上最著名的声称自己拥有意念超能力的人。根据他的说法,该实验本来邀请了他参加,但作为一个动物爱好者,他最终拒绝了邀请——用意念弯曲勺子还是更有趣些。

大多数相信念力的人建议,要培养隔空移物的能力,必须对自己的潜力有信心。因为这项技能需要很长时间才能熟练掌握。首先从冥想开始,完全放松自己,清除杂念。然后是呼吸练习,诵唱心咒。接着逐渐进入精神完全集中的时期(直到你可以心无他物地专注于特定的想法或情感),记得每次要坚持 15 分钟。

不要想着一步登天——即使信奉这种特异功能的人也不得不承认,移动静止的物体不会这么容易实现。相反,你应设法让已经移动的物体继续移动,例如让硬币旋转更长的时间。你还可以从小物体着手,例如将玻璃罩里的火柴吹灭。如果有成功的迹象,不要随便告诉他人你的新天赋——或许有一天真的会有士兵或者腋下夹着只山羊的中情局特工找上门来,而你肯定不想面对他们的盘问。

69 火上行走

火上行走是一种古老的仪式,最早出现在公元前 1200 年的印度。在亚洲、非洲和太平洋群岛的历史也非常悠久,通常与宗教或成年仪式有关。将燃料加热到非常高的温度后从上面走过去,这听起来就不像是个有趣的消遣——但如果采用正确的方法,你也可以毫发无损地完成这项挑战。

许多火上行走的尝试者认为,他们用精神力量克服了身体的障碍——这是"心胜于物"的证明。但事实上,火上行走背后有其科学原理。

如果你想试试这种不一般的行走,先联系一个能够让你做好充分准备,并尽可能避免让你受伤的团队。你需要放松心情,缓解身体的紧张,然后再开始行走。团队可能会引导你做些深呼吸练习,或者冥想。无论是否相信这些俗套的信仰训练,你都要让身心彻底放松,这样才会增加你的成功机会。

你走过的炭可能在 550 摄氏度左右——你也许会认为,只要走个三四米就足够把你的脚掌烧个精光。然而,实际上热量是通过一种介质到另一种介质的传导来进行传递的,并且高效的热传导需要每种材料都必须是良好的热导体。这就是为什么火上行走并不困难——长时间燃烧的炭衍生出一种轻质结构,这种结构并不适合热传导。此外,表面大量的炭灰也会充当隔热体。

同时,你的双脚也不是一个好的热导体,所以为了避免烧伤,不要让脚和炭接触的时间过长——大多数的火上行者都倾向于采取轻快的步幅。但千万不要跑起来,因为增加的动量将迫使你的双脚深入炭中,从而增加脚部受伤的风险。

行走之前,确保炭床已经接受过检查,并且没有任何可以作为良好热导体的外物(比如金属)存在。一旦走完这条"火路",赶紧把脚趾泡在冷水里,然后拍拍白己,长嘘一口气吧。

你敢去做吗

70 隐形

让自己消失似乎很难办到,除非你有哈利·波特的隐形外衣。幸运的是,那些聪明人已经想到了解决方法,虽然其中有些听起来就像是魔法故事。与魔法相比,靠科学来隐匿身形听起来有点作弊,但人都已经消失了,过程还有那么重要吗?

当我们看到一个物体时,我们看见的实际是经物体反射进我们的眼睛里的光线。如果某个物体允许光通过而不吸收或反射任何光线,那么物体对于观察者来说就是不可见的。虽然某些材料天然的透明程度比较高,但没有一个可以达到100%,所以——开发出透明程度更高的材料是研究人员在隐形问题中面临的第一个挑战,而想办法隐藏非透明物体则是第二个,也是更难的挑战。

长期以来,国防工业一直对开发允许物体(士兵、飞机、坦克和潜艇)移动同时避开雷达探测的技术很有兴趣,并由此诞生了"低可观测技术"。在某些方面,这是隐形技术目前最先进的水平。然而,这个技术还存在一个问题——轰炸机即使不被雷达检测到,也极易被肉眼看到。为解决这个问题,隐形轰炸机通常被漆成暗色并在夜间作战。

隐形轰炸机对雷达的隐形通过几种方式实现,包括:

· 机身设计成独特的形状,从而改变雷达电磁波的反射方向。

· 使用能够减少雷达波反射的金属板。

· 机身的"蒙皮"吸收雷达波使其在内部反弹直到失去能量。

· 特殊的雷达波吸收涂料,能够将雷达波转换成热能。

开发隐形技术的研究人员不仅在寻求对肉眼隐形的隐形术,也在寻求阻止物体反射光线的方法。他们将大量的精力投入"超材料"的研究中,这种材料的特性是天然材料所没有的。

加利福尼亚大学伯克利分校的一个团队将银和金属介电层堆叠在一起,然后"打孔"以创造一种渔网形材料。这种材料不会折射光,从而使物体在原地"消失"。与此同时,同一所大学的另一个团队创造了一种超材料,能够让光线像水流一样绕过物体。由于围绕着物体的光线被弯曲了,不会被反射,也就达到了"隐形"的效果。

你敢去做吗

捉迷藏 B-2 幽灵（隐形轰炸机）由诺斯罗普·格鲁曼公司（Northrop Grumman）制造，并于1997年投入使用。单架成本约为7.5亿美元——隐形技术可不便宜。

这两项进展使我们离真正用上隐形衣又近了一步。然而，这项技术仍处于起步阶段，当前的技术只能通过将光向"其他方向弯曲"来愚弄肉眼，要想有效地让大尺寸物体隐形或许还要等上许久。正如杰森·瓦伦丁（Jason Valentine）（来自伯克利的研究者之一）所说：

"我觉得没必要担忧隐形人在周围出没，因为还早着呢。"

虽然现在市面上还没有隐形斗篷，使得军人不得不在可能被敌人发现的情况下悄悄潜入，并离开冲突地区，但是，换个角度想：如果有了隐形衣，公共交通（如地铁和火车）会涌现大量逃票者；盗贼在犯罪后可以光明正大地溜走；重返约会地点时，你愤怒的前女友也许就偷偷坐在你对面——这样，你还对隐形技术充满期待吗？

你敢去做吗

71 长生不老

这是什么? 获得永生。

为什么你还不去做? 生命中只有两件事不可逃避:死亡与纳税。

传奇摇滚乐队皇后乐队(Queen)曾经在一次巡演中向他们狂热的歌迷问道:"谁想长生不老?"我们很多人为了长寿,心甘情愿投入大量时间、精力和金钱。现在,随着科学的发展,人类正朝着"永生"的梦想奔驰而去。

在罗马帝国时代,人类的预期寿命低于28岁,而如今全球的平均水平在67岁以上(虽然区域之间的差异很大)。但这离"长生不老"还很遥远。更麻烦的是,我们人类会本能地不断繁衍,和其他动物一样,繁衍是我们的首要本能。生理系统决定了我们要在生命的早期生儿育女,随后身体每况愈下,直到最终死亡。

我们可以养成良好的生活习惯,戒掉所有愚蠢的嗜好,比如酗酒、吸烟和吃太多的奶油蛋糕——这会增加我们长寿的机会。但专家认为,即使达成这些健康目标,依然存在着许多不可预见的突发因素,我们仍可能英年早逝。比如在即将到来的12000岁生日前,一辆超速的公共汽车或大规模流星雨意外结束了你的生命。

一些科学家认为,现在出生的小孩也许在未来能活到1000岁。要达到这个目标,人类必须取得数个医疗突破。首先,为了保持生命能无限延续,我们需要能够替换已死的细胞,不留残骸,同时避免有害的突变,防止癌变,并阻止可能导致动脉硬化等症状的"细胞外蛋白交联"。新技术的发展(如干细胞技术的革新)增加了我们完成第一个挑战的可能性。另外,我们对生物密码了解得越多,我们破解的速度就越快。未来的几十年里,医疗突破(例如治愈癌症)的概率将呈指数级加速。

但我们不能过于乐观,根据预计的科技发展速度,在我们的有生之年里,"长生不老"依然只是个梦想。幸运的是,我们还有其他选择,有些人认为获得永生的最好机会是人体冷冻技术。它将"尸体"存储在极低温度下,并在未来医疗条件成熟时唤醒他们。这个理论最初是在20世纪60年代早期提出的,1967年,一名73岁的男人成为第一个进入"低温停滞"状态的人。

当然,让活着的人进入"停滞"状态是非法的。死亡的法律界定是心脏跳动的永久停止,此时大脑尚未完全停止运转。因此一旦确认死

你敢去做吗

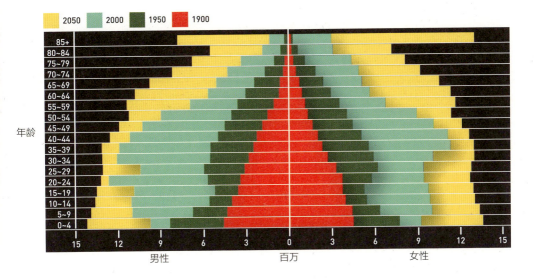

其冷如冰　詹姆斯·贝德福德冷冻的身体（上一页图所示）包裹在聚酯薄膜里，被放在了一个由铁和铝组成的低温胶囊中。贝德福德，一位来自加利福尼亚的大学教授，于 1967 年去世，他的低温保存遗体是迄今为止保存完好的最古老的遗体。上面的图表显示了整个 20 世纪预期寿命的分布情况，从该表中我们不难推断出未来实现"永生"的可能性有多大。

亡，人体冷冻团队就要立刻积极行动起来。他们负责将"尸体"运往相关设施，在此期间，他们需要维持"尸体"大脑的基本功能，同时将它置于冰块中，并注射凝血剂以防止血凝结成块。

在冷冻的过程中，需要将细胞中的水除去，以防止膨胀的冰晶体破坏细胞结构。细胞中的水被一种人体防冻剂取代，体温降至零下 130 摄氏度。接着将身体放入铝室中，最后送入更大的液氮罐（与至多五个同样处于"停滞"状态的新伙伴待在一起）中。这个装置里的温度稳定在零下 196 摄氏度。剩下的事就只有等待——希望在未来技术成熟时，还有人记得把你唤醒。

目前只有少数公司提供该项服务，且收费昂贵。你在活着的时候就要支付会员费，并且据称"停滞"的费用从 5 万美元到 15 万美元不等。到目前为止，已有 200 人进入"停滞"状态，有人采取全身"停滞"，另外一些人只选择头部"停滞"。该技术仍处于起步阶段，所以迄今为止还没有人成功复活。尽管如此，这依然是目前为止"长生不老"的最佳机会，要知道一直以来该技术都只是在科幻小说里出现。

72 重现宇宙大爆炸

这是什么? 宇宙诞生的那一刻。

为什么你还不去做? 完全重现这一刻也许会让宇宙走向终结。

几千年以来,人类总在不停地询问:"我们的世界以及宇宙是如何开始的?"哪怕在科技如此发达的今天,这依然是一个需要全球科学家通力合作的巨大难题。这个问题目前尚无定论,但主流观点认为宇宙万物始于一个不到 140 亿年前的大爆炸(Big Bang)。

大爆炸理论描述了一个体积极小(比原子还小)、密度极高、温度极高的"泡泡"爆炸的瞬间。爆炸后所有的能量迅速膨胀和冷却,创造了物质、空间和时间——简而言之,这个爆炸形成了我们今天所知的用来构建宇宙的一切条件和材料。这仅仅是个理论,科学家还要试图弄清楚这个过程是如何发生的。也许真的有一天我们能够创造出合适的条件,重现大爆炸——人类何以存在的根本问题也就迎刃而解了。

宇宙的基本材料是原子,它由质子、电子和中子组成。直到 20 世纪早期,我们才能够裂变原子,也才了解亚原子粒子究竟是如何运作的。对于那些研究人爆炸的人,他们面临的真正难题在于次亚原子粒子,如中微子和夸克。

随着科技的发展,现在已经能够将质子和中子分解成夸克和胶子(其他无质量亚原子粒子)。这些胶子只能存在不到一秒的时间,然后在能量的闪光中转瞬即逝——只能用最尖端的仪器才能够观察到它们。

那么,在宇宙刚创造出来的最初几毫秒,我们如何去分离这些出现的亚原子粒子呢?答案是使用"暴力"。

粒子加速器是物理研究所需的主要设备之一,该设备通常占地几英亩。众所周知,这套了不起的设备就是一个巨型铁锤,用来打碎微小的亚原子粒子。"巨型铁锤"由大量的磁体组成,这些磁体将质子束加速到接近光的速度,让它们相撞。有时候,它们只是被简单地布置在又长又直的通道(线性加速器)周围,有时候,它们被布置在巨大的甜甜圈状的环面里,这样方便物理学家将粒子按环形路线发射出去,累积速度和能量。一旦速度达到足够快,质子发生碰撞时,其产生的热量比太阳的热量还要高出数百万倍,粒子在瞬间被击碎成零件状态。

世界上已有数台粒子加速器,但最大和

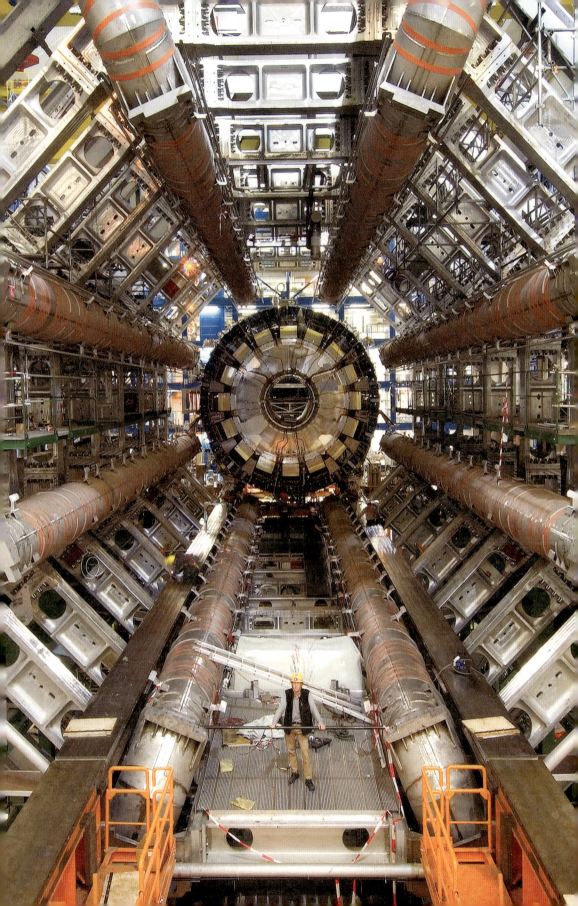

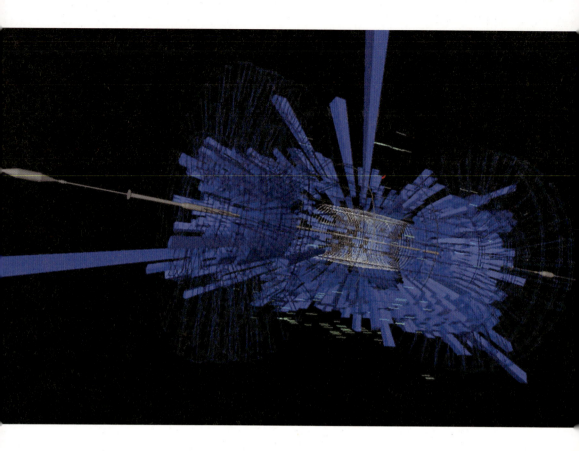

核粒子加速器 这个模拟实验显示了在质子碰撞过程中，粒子爆发的一瞬间。通过测量撞击产生的粒子的速度和方向，物理学家可以更好地了解物质的深层结构。

最著名的要数欧洲核子研究中心的大型强子对撞机（LHC）。该对撞机位于法国与瑞士的边境地下，建造花费了约 100 亿美元，并于 2008 年投入运行。在大约 10000 名科学工作人员的帮助下，LHC 试图重建宇宙大爆炸后亿万分之一秒的环境条件。迄今为止，LHC 取得的最重要突破是于 2012 年发现了希格斯玻色子（Higgs Boson）：据称正是这种粒子让其他亚原子粒子产生了质量。这些惊人的发现使得 LHC 的地位越发重要，对于那些雄心壮志、试图解答宇宙终极问题的人而言，LHC 提供了最好的平台。但如果你要想去那儿，首先得证明你是个科学天才。

所以，这是不是意味着科学家们离再现大爆炸本身又近了一步？并不见得。但根据他们现在获得的有关大爆炸的知识，我们对于宇宙为何能有今天的理解已经大大加深。不久之后，我们也将知晓它的未来走向何处。

你敢去做吗

73 造访国际空间站

这是什么? 近地轨道上可以居住的人造卫星。

为什么你还不去做? 你得成为精英宇航员，或者有足够的钱。

由美国国家航空航天局（NASA）、俄罗斯航天局（Russian Space Agency）、日本宇宙航空研究开发机构（Japanese Aerospace Exploration Agency）、欧洲航天局（European Space Agency）和加拿大航天局（Canadian Space Agency）共同合作建立的国际空间站（International Space Station）自 2000 年以来就一直有人常驻。然而并不是谁都能离开地球，要想登上国际空间站，来一次太空旅行，你不仅要有献身精神，还得财力雄厚。

国际空间站（ISS）于 1998 年首次发射，费了好大功夫才在轨道上组装完成，有点像乐高积木套装的零重力太空版。它是一个飘浮的实验室，能够容纳 6 个人，位于距离地球 330 ～ 410 千米的轨道上，各种科学实验都在此进行。在这里完成的研究工作，对未来去往更遥远的目的地（比如月球和火星）意义重大。

截至写这本书时，已有 34 名相关人员在国际空间站上逗留过。逗留时间最长的是俄罗斯宇航员谢尔盖·克里卡列夫，他在太空中待了 803 天，这是史无前例的纪录。显而易见，你加入这个精英群体的机会非常有限。最直接的途径是成为隶属于任何相关空间机构的宇航员。迄今为止，有来自大约 15 个国家的宇航员造访过空间站。不过，这条道路远没有看起来那么简单——本来世界上的宇航员就已经够少了，要想成为其中的一员更是需要经年累月的训练。

大多数宇航员都在 27 ～ 37 岁时开始接受训练。在此之前，他们要取得相关专业大学学历，如工程、医学或物理。能用英语和俄语在工作中交流，以及最好能拥有空军背景。除此之外，还必须保持良好的体形，能在很大的压力下工作，哪怕是空间飞行器引发了幽闭恐惧症也能与同事良好相处。

如果你足够幸运，击败了数以千计的有力对手，在航天员培训计划上获得一席之地，那么接下来等着你的将是花费上千小时的紧张训练。基础训练为期一年，覆盖的科目包括空间技术、太空健康与太空安全，同时还有艰苦的体能训练（为了让身体适应太空的压力）。接

在云端 2002年，在执行 STS-111 任务期间，宇航员佩吉·惠特森（左）和瓦莱里·克朱恩在国际空间站玩汉堡耍杂戏。他们作为驻站宇航员，在六个月的停留时间里承担了 25 项科考工作。

下来是进阶训练，同样为期一年。

如果以上方法听起来太辛苦了，那么，还有另一个"捷径"——成为太空游客。普通人（哪怕只是平民）可以通过"付费"的方式在国际空间站度过一段时间（如果你能承担科考任务就更好了）。选择这条捷径的人往往讨厌被称为太空游客，而宁愿接受像"私人空间探险家"或"航天飞行参与者"（NASA 采用的委婉说法）这样的称呼。当然，太空旅行的价格可不便宜。对于逗留长达几周的游客来说，花费预计为 2500 万～4000 万美元。同时太空游客也需要通过一系列严格的课程训练，涵盖了几乎和宇航员同样的培训范围。

美国商人丹尼斯·蒂托是第一个付费访问国际空间站的游客，他于 2001 年加入全体机组人员，并在那儿度过了 8 天。截至 2013 年，已有 6 人成为太空游客，在空间站停留的时间也延长至 15 天。2009 年，IT 企业家查尔斯·西蒙尼成为首个两度升空的人，耗时 29 天，花费 6000 万美元。迄今为止，每位太空游客都是由俄罗斯的联盟号（Russian Soyuz）飞船负责接送，每次旅行都是由位于弗吉尼亚州（Virginia）的太空探险公司（Space Adventures）安排。

如果你成了那个幸运的有钱人，记得在出发前确保已经购买了最新保险——日本商人榎本大辅在 2006 年支付 2.1 亿美元用于太空飞行，但最终被认为其健康状况不适合参与飞行。在索要退款被拒之后，他起诉了太空探险公司。

74 攀登安纳普尔纳峰

这是什么? 攀登世界上最令人望而却步的山峰。

为什么你还不去做? 世界上最好的登山者都不一定能完成这个挑战。

世界上有 14 座海拔高于 8000 米的山峰。其中，位于喜马拉雅山脉尼泊尔境内的安纳普尔纳一号峰（Annapurna I）海拔 8091 米，只能算是世界第十高峰，但它却被认为是攀登难度最高的山峰，登峰死亡率高达 38%。你敢冒这个险吗?

安纳普尔纳峰，名字意为"丰收女神"，于 1950 年首次被人类征服。然而，到 2007 年为止，成功登顶的只有 153 人。

全程的费用在数千美元左右。你要做的第一件事就是查看签证要求，并购买一份可靠的保险。此外，一定要聘请一位当地最优秀的导游，因为这座山经常发生雪崩，仅适合有经验的登山者攀登。

最安全的攀登时间是在每年的 4 月或 5 月，而你至少得提前一年准备。准备期间，五天中抽出四天来跑步，每天跑一个小时，锻炼心脏的承受力，同时还要注重上半身的负重训练。除此之外，你需要通过爬山（没错）来练习爬山技巧，并在你的承受范围内进行寒冷天气和高海拔训练。

爬山过程中你可能会减掉多达 20% 的体重，因此，出发之前要有计划地增加大约 6.3 千克的体重。此外，你还需要在心理上做好准备，因为这次攀爬将是巨大的挑战，有时候你甚至会感觉无法再继续，而良好的心理准备能够帮助你渡过难关。你需要应对各种压力、苦闷、恐惧、沮丧甚至是幻觉，这些都产生在你心力交瘁之际。接近峰顶时，压力和稀薄的空气几乎会降低你 30% 的警觉性。

基本的登山工具应包括：安全带、绳索、夹子、弹簧扣、垂直降落设备、冰爪、冰镐、护目镜、照明灯、滑雪杖以及高度计。其他重要装备还包括爽足粉、氧气瓶、卫星电话、双向无线电、帐篷以及湿巾（一段时间内你都无法洗热水澡）。

着装方面，你应该穿一层保暖内衬，几层羽绒衫（上身和下身都穿），外加一套登山夹克和羽绒裤。记得穿上厚袜子，还要买一双登山防冻靴。为自己准备若干副手套，最里层戴一副轻便的，接着是一副较厚的连指手套，最后再戴一副攀登雪山专用手套。

围巾或头巾将保护你的脖子免于被太阳直射。戴上一顶有帽舌的遮耳帽以防晒伤，脸上

你敢去做吗

安纳普尔纳圣地位于尼泊尔第二大城市北部约40千米处的一个高盆地，是被河水强大的侵蚀力量雕刻出来的。安纳普尔纳山脉团团围住此地，高耸的山峰长长的阴影意味着，即使在夏季最热的时候，盆地也只会有几个小时的阳光。

还要戴一个薄面罩。所有这些装束你都需要准备两套：一套白天穿戴，另一套晚上穿戴，晚上你还要把白天的登山装束晾干。

攀登途中要确保体内水分充足，并摄取足够多的食物——你每天可能会消耗6000卡路里的热量。然而，爬得越高，你就越不容易感到饥饿。带些高热量食品，比如巧克力和饼干，此外再带些袋装加热食品（这些将占用你背包内较小的空间）。记得带一个布袋，这样你就可以通过收集冰雪来补充水的供应。此外，你还需要一个小型加热器和一些基本的厨具。

攀登之前务必先了解一下你身体存在的健康风险，这样你就能注意到那些不健康的信号，并迅速做出回应。爬山过程中潜在的疾病包括：

· 急性高原病（AMS）：因身体无法应对高海拔和低气压而造成，可能会导致脑部和肺部积水，因此要当心类似流感的症状以及失眠、神志恍惚和呼吸时的"濒死喉音"。

· 高山战壕脚：由双脚潮湿导致。

· 高原病：通常表现为患者由于氧摄入量减少而感到身体不适。

· 冻伤：由于四肢血流量不足而导致，早期症状为肤色浊白。

· 低温症：由于核心体温降低而导致，症状轻者身体颤抖，重者可能表现为心智混乱，甚至死亡——这才是真正的威胁。

可见，一个储备充足的急救包是必不可少的，要记得及时处理伤口和小病。另外，在骨折的情况下，还可考虑服用吗啡来减轻疼痛，直到获得救助。你还需要服用阿司匹林以稀释血液，因为血液会随着海拔的升高而变浓，十分危险。

最后，记住用尊敬的态度对待这位女神——尽情享受这美景吧。

你敢去做吗

75 决斗

这是什么? 为了荣誉，赌上性命。

为什么你还不去做? 这是非法的，而且现如今这种"决斗"一般在社交网站上进行……

几个世纪以来，虽然已经有了更好的办法，但决斗依然是那些"上流人士"解决彼此争端所采取的普遍方式。最初的决斗使用的武器是剑，后来手枪成为人们的心头所好。虽然你可能很希望能够立刻解决问题，但说真的，世界上还有其他更好的方法，别冲动。

如今，决斗几乎在世界上所有国家都是非法的——即使没有明令禁止，你也会因此被控谋杀、谋杀未遂或造成严重的人身伤害。即便如此，还是有人喜欢"以身试法"。例如，在2002年，秘鲁国会议员艾代尔·拉莫斯因副

枪战 一对带有"Trulock & Sons"标志的盒装决斗手枪。在18和19世纪的一段时间里，每一个富有的绅士，为了满足其对荣誉的需求，都会配备这样一对手枪。

总统大卫·威斯曼说的某些话而心生嫌隙，并提出要手枪决斗。当然，威斯曼礼貌地拒绝了。

然而，在过去的历史里，这样的理性似乎并不多。所以在1804年，当时的美国副总统阿龙·伯尔和他的政治对手亚历山大·汉密尔顿就因两人间的"理念分歧"最终进行了一场正式的决斗，结果汉密尔顿在决斗中牺牲。虽然伯尔并未受到指控，但这件事也葬送了他的政治生涯。在那个年代，决斗仍然被认为是解决争端和维持社会秩序至关重要的一环，由一系列被称为"决斗法典"（Code Duello）的严格规则所庇护。

要想发起决斗，一方必须充分冒犯另一方。这时候，"挑衅的"一方应该叫嚣着"要给个说法"，并将分指手套（或长手套）丢到地上。如果"被挑衅的"一方意识到所犯的错误为何，并向挑衅者表示歉意则可避免决斗。即使挑衅者将原因夸大或者自相矛盾，被挑衅者也应该

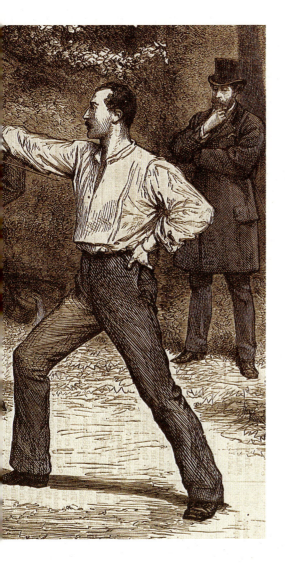

这幅版画描绘了一场发生在巴黎西部布洛涅森林公园的决斗。早在 1626 年，路易十三就宣布在法国决斗是非法的，于是，这个公园就成为一个便利的、颇受人们喜爱的"决战之地"，不论是谁都可以在这里解决个人宿怨而不受法律的干预。法国历史上所记载的最后一次决斗发生在1967年，是两个议员之间的持剑决斗。

就算走到了这一步，你仍有机会争取和平解决争端。

虽然你可以选择决斗时间，但决斗一般发生在黎明。接下来要选定一个"决斗场"，最好稍微远一些，确保一定程度的隐私。最重要的是，决斗者要好好休息，以防当最终上场时，双方都一脸疲倦。如果是持剑决斗，决斗的结果可能是死亡、流血不止、重伤致残、缴械投降或最终道歉。如果使用的是手枪，决斗者背对背站定，然后向前走几步，转身，射击。

决斗用的手枪通常设置为"打不中"。手枪的内壁槽是光滑的（不像步枪的槽筒），铅弹也是光滑的，这使得精确瞄准变得十分困难。决斗规则里禁止故意误射，如果双方在第一枪后仍然没有受伤，决斗就可以被取消。没有决斗会超过三个回合——尤其是当三个回合下来还是没有人被击中，那场面看起来就有点尴尬。

事实上，历史记录表明，绝大多数的决斗并不会导致死亡，反而是以双方毫发无损、荣誉恢复为结束。当然，在更文明的时代里，我们最好是能通过一杯好茶和一块蛋糕来解决问题——如果行不通，那就打电话给律师吧。

为最初的怠慢道歉。

假设道歉并未被接受，挑衅者坚持要决斗，被挑衅的人此时则有权选择武器。任何有一点儿常识的人都应该要求用"射豆枪"这种不取人命的武器，或一两轮"剪子、石头、布"这类解决办法来决斗，但令人困惑的是，人们似乎都喜欢选择剑和手枪。每个决斗者都会带一个值得信赖的"副手"，他负责确认决斗的流程是否合理，武器准备是否到位。

76 学习 A 类线形文字

这是什么? 一种远古时期尚未被破解的语言。
为什么你还不去做? 可惜没有"罗塞塔石碑"让你踏出破解的第一步。

如果你是那种拥有语言天赋的人,如果你可以看懂法语菜单并用西班牙语预订酒店,那么你想不想把这些语言天赋发挥在一些新的领域? 要不你尝试一下翻译 A 类线形文字? 这是一门重新发现的古代语言,一个多世纪以来,该语言横扫学术界,大批研究学者都败下阵来。

公元前 18 世纪到公元前 15 世纪,A 类线形文字是在地中海克里特岛普遍使用的"官方"语言,当时古老而繁盛的米诺斯(Minoan)文明正处于全盛期。A 类线形文字主要用于政府和宗教纪事,且似乎与另一种语言有关联——我们把它称为 B 类线形文字,而这种语言是古希腊语的前身。

这两种语言由著名的英国考古学家阿瑟·埃文斯在 20 世纪初发现,当时他在克里特岛的克诺索斯宫殿挖掘文物,发现的两部手稿里都含有"表意"符号(代表整个物体或想法的符号,类似于埃及的象形文字),同时也是首次发现已知的使用符号来表示音节的欧洲语言。

B 类线形文字铭刻在如陶瓷和石碑这样的材料上,且在数量上明显比 A 类线形文字多,这让学术界在翻译 B 类线形文字时有着相当优势。尽管如此,直到 20 世纪 50 年代,B

类线形文字才被年轻的英国建筑师和语言天才迈克尔·文特里斯破译——他意识到 B 类线形文字与古希腊语存在某种共性(A 类线形文字则不具备该共性)。和"罗塞塔石碑"(Rosetta Stone)不同,这两部手稿并不具备以多种语言形式展现相同文本内容的便捷线索,但文特里斯依然在毫无头绪的情况下设法破译了 B 类线形文字,这可是个独一无二的成果。

可惜的是,文特里斯掌握了 B 类线形文字,还没来得及掌握 A 类线形文字,就在三年后的一次车祸中英年早逝。虽然两种语言的某些符号是共通的,但没有人能确定哪些语言可能与 A 类线形文字相关。有人认为 A 类线形文字与古老的卢维(Luwian)语有关,其他人则认为与古老的腓尼基(Phoenician)语言或者伊特拉斯坎(The Etruscans)语有关。然而,这些相关性只是提供了一些调查方向,除此之外毫无用处,解读 A 类线形文字似乎还遥遥无期。

77 吞火表演

这是什么? 一顿你不想吃的"火热"大餐。

为什么你还不去做? 稍有不慎,可不只是让你双眼流泪那么简单。

我们都知道被热饮烫到舌头有多么痛苦,既然如此,为什么你还会想要把燃烧的火把放进嘴里呢?尽管这个举动看起来很吓人,但事实上马戏团的吞火表演并不会对你造成任何伤害——前提是你确实知道自己在做什么,并且掌握一定的技巧!

首先,不得不说,吞火看起来的确很酷,尤其是在喝醉的时候吞火。但我得提醒你,千万不要在这种情况下尝试该壮举。相反,你应当认真对待吞火这件事,并在专业人士的指导下加以训练——许多马戏学校都会提供相关课程。这项表演最关键的诀窍在于用嘴来切断火炬的氧气供应并将火炬熄灭。一开始,你可以先用未点燃的木杆试手——学会如何控制呼吸。当火炬入嘴后,千万不要吸气。一旦吸气,火焰和燃烟会直接刺激你的肺部并造成永久性的损害,甚至可能导致死亡。因此,在气喘吁吁时绝对不要逞强表演。

请谨慎选择表演器材:煤油是个不错的燃料选择,汽油比较容易爆炸,不是最佳选择,凯夫拉(Kevlar)灯芯优于棉线。不要穿宽松的衣服以及记得把头发束在后面,并确保观众处在安全范围。手边要有湿抹布、灭火器和急救箱。最理想的表演位置应该有较高的天花板、非易燃的地板以及通风良好的环境。如果是在室外,要注意提防"善变"的风向。要记住热气是上升的——因此在整个表演期间都要高举火焰,将其保持在你的身体之上。

点燃火炬后,你要检查有没有突变的风向或气流,如果一切都没问题,便可将火炬举过头顶,同时双腿分开站立,保持身体平衡。接下来,你要耸肩,并将头部向后倾斜直到嘴和喉咙都是正面朝上。润润嘴唇,并吸一口气。这样一来,如果你突然受惊也只能呼气了。现在,舌头平放,坚持住,火炬拿低,放入嘴里,小心不要吸气。合上双唇,切断火炬的供氧,但嘴唇无须贴合过紧以免口腔接触到烧得火红的金属火炬杆。最后,憋气将火焰扑灭。同时别忘了及时处理灼伤的口腔和嘴唇,如果情况严重,要立即就医。

78 演奏拉赫玛尼诺夫第三钢琴协奏曲

这是什么? 学习演奏有史以来谱出的最具挑战性的乐章。
为什么你还不去做? 它不仅测试你的钢琴演奏技艺,还会凝视你的灵魂。

也许你会觉得,一旦你学会了如何使用中国"筷子",演奏钢琴肯定就不在话下。但事实绝非如此。许多经过古典音乐训练的钢琴家一致认为世界上最难演奏的钢琴曲是由俄罗斯作曲家谢尔盖·拉赫玛尼诺夫创作的恶魔般的第三钢琴协奏曲。你要不要来试试?

1909 年,拉赫玛尼诺夫创作了 D 小调第三钢琴协奏曲(作品号 Op30,感兴趣的可以去听听)。他将该作品献给了波兰裔美国钢琴家约瑟夫·霍夫曼,但霍夫曼从未在公开场合演奏,因为他认为这首曲子并非为他而作。如果真是如此,那这首钢琴曲到底为谁而作?

如你所料,D 小调第三钢琴协奏曲并不适合初学者。仅仅是尝试着去演奏它,你都得练习上许多年。但一些伟大的钢琴家却认为,一定要趁着你青春还在时去练习这首曲子。加里·格拉夫曼(美国著名音乐家,他最为人所知的是为伍迪·艾伦执导的电影《曼哈顿》演奏的《蓝色狂想曲》)就曾经说过:"我多希望在自己'年少轻狂'时就学会弹奏这首曲子。"如果你不明白他这么说的原因,不妨去看看《闪亮的风采》(Shine,1996 年奥斯卡获奖电影)。这部电影中,由杰弗里·拉什扮演的精神分裂的音乐天才大卫·赫夫考在尝试演奏该曲时情绪彻底崩溃。

演奏 D 小调第三钢琴协奏曲,你首先需要一双大手。拉赫玛尼诺夫就拥有一双大手,显而易见,手大意味着——能弹到更多的琴键。简单地说,拉赫玛尼诺夫在每小节里塞进了大量音符,所以你需要建立"肌肉记忆"以保证手指能把所有的音符都弹到。耐力同样至关重要:该曲子长达半个小时,钢琴家在这段时间里几乎没有暂停。此外,节奏和旋律时时刻刻都在变化,你根本无法预测,只能全神贯注。除了演奏技巧和音乐天赋,弹好这首曲子,你还需要汹涌的激情和独特的个性——这实在令人心力交瘁。

如果不小心弹错了也不需要担心。针对来自作曲家安德烈·普列文的批评,喜剧天才埃里克·莫坎比做出了睿智的回应:"我演奏的正是正确的音符,但不一定是正确的顺序。"如果你能流利地演奏出第三协奏曲,为什么不试试演奏第二协奏曲?要知道这首曲子可是连拉赫玛尼诺夫本人都感叹"实在是太不好弹了"。

你敢去做吗

79 用空手道劈开木块

这是什么? 用肉体击碎木块。
为什么你还不去做? 如果动作不对，那断的就是你的手，而不是木头。

如果你看过武侠电影，那么肯定幻想过自己用双手以迅雷不及掩耳之势劈开木头，然后在周围众人震惊的注视下潇洒离去。其实这一点儿都不困难，只要通过正确的训练，你也能使出李小龙和成龙的招式——但请尽量对静止的物体发力，而不要在人类身上试刀。

空手道只是众多日本武术之一，和大部分武术一样，空手道将哲学和格斗技巧进行了复杂融合。20 世纪 70 年代，在充满暴力的武侠电影里，主人公令人印象深刻的武打片段风靡世界，从此空手道誉满全球。

如果你想让你的朋友目瞪口呆，抑或只是想寻求内心的平静，那么就去找一个武术高手吧，他可以助你学到应有的技巧。最开始，你可能会使用帆布沙包来磨炼双手，学会如何避免受伤。你的师父会告诉你在什么阶段应该做什么体能训练：初学者在接受指导后通常可以练成 6 米 / 秒的下切速度，能够打破 2.5 厘米厚的木块。同时，黑带的速度可达 14 米 / 秒——足以粉碎 4 厘米厚的混凝土。

"斩"（也被称为"手刀"）是空手道的招牌动作。使出这个动作时，你需要用手的底部将木块击碎。你的小指应与地面平行，大拇指呈弯曲状态平放在食指的根部。进行击打时，你的手指应该略微弯曲（如果你使用的是右手，那么你的手指应该偏左，如果用左手，则手指偏右）。

放置木块时，在木块边上放上稳固的支撑物。在离木块几步处站定，脚与肩膀同宽。或者可以跪下，使膝盖与肩膀呈直线形。当准备打击时，放松自己，并专注于这一击。如果无法专心，则不要勉强自己。想象自己顺利劈断木块的样子。你的目标应该是木块下方一个假想的点，这样你就能在出击速度下降前击中木块。最后，抬起你的手臂，高垂空中，然后迅速向下，一气呵成击中木块。

80 徒手抓子弹

这是什么? 魔术师节目单中最令人印象深刻的节目之一。**为什么你还不去做?** 再怎么准备周全都不能完全保证你的安全。

徒手抓子弹是魔术师最惊险的表演之一,他们通常用手或嘴从半空中接住发射出来的子弹。当然,如果操作得当,这并不是一件很危险的事——但需要警惕的是,现实中的子弹表演可发生过不少事故……

据记载,第一个表演这一古老魔术的人可追溯到 17 世纪初。几个世纪以来,据说已经有十几个魔术师在谢幕时用过这一招——包括著名的"正宗中国魔术师"程连苏(原名威廉·埃尔斯沃思·罗宾森)。程连苏于 1918 年在伦敦的绿林帝国(London's Wood Green Empire)表演时由于枪走火而意外身亡。所以这真不是那种"随便试一试"的轻松魔术。如果你真的想学会它,那么你得跟着行家训练,学习他们的诀窍,并且在确保能够成功前不要随意尝试。为了防止意外,你还必须穿上防弹衣。

魔术表演流程如下:

·请一名观众检查枪支。告诉他们用自己名字的缩写标记子弹。

·你的助手当众将子弹装入枪中。

·你站在舞台的一边,你的助手站在另一边。一声令下,助理朝你开枪。

·许多表演者会在舞台中央放置一块玻璃板,以便观众可以看到子弹击碎玻璃的画面。

·瘫倒在地上,好像子弹击中了你(希望这时你的表演是到位的)。

·最后,起立,向观众展示子弹安全地握在你的手心或紧咬在你的牙齿之间。然后沉浸在观众如释重负、交口称赞的欢呼声中。

那么这究竟是如何做到的?秘诀就是蜡做的子弹。原来(非蜡)的子弹被观众代表标记时就立刻用魔术手法将其调包。趁着助手在装蜡做的子弹时,将标记过的原始子弹藏在你的手或嘴里。蜡弹应该足够坚固到可以击破玻璃,但就算打中了你,也不会对你造成任何永久性的伤害。

只要确保你的团队能分清楚真的子弹和蜡做的子弹,这个魔术就很容易成功。但切记不要惹你的助手不开心,因为在舞台上,你的命掌握在他们的手中!

你敢去做吗

81 太空漫步

能够代表人类伟大科学成就的象征性事物很多，但是有哪个能比宇航员飘浮在太空中的照片更有说服力呢？当然，专业人士并不会用"飘浮"这个词，而是将其称为"舱外活动"（EVA，Extra-Vehicular Activity）。除了担负风险，宇航员要考虑的事还有很多——毕竟哪怕是在太空中，你也是要撒尿的。

第一个进行舱外活动的宇航员来自苏联，名叫阿列克谢·列昂诺夫。1965 年 3 月 18 日，这位伟大的宇航员在太空舱外"行走"了将近 12 分钟。另外一位宇航员阿纳托利·索洛维约夫，同样来自苏联。他共进行过 16 次舱外活动，累计时长达 82 个小时，无人能及。

宇航员需要在巨型水箱中进行训练，以模拟太空中的失重状况。美国国家航空航天局位于得克萨斯州休斯敦的无重力实验室就拥有约 2800 万升的水，宇航员便在这里训练——平均七个小时就要模拟一次"太空行走"。现代宇航员还会利用虚拟现实技术（VR）来模拟各种太空行走活动。

在开始真正的太空行走之前，你先得有一件宇航服——或如美国国家航空航天局口中的"舱外机动套装"。该宇航服专门为真空环境而设计，还能保护你免受其他危害，比如小流星、极端气温和紫外线辐射。舱外机动套装由 18 个独立部件和 14 个不同的分层组成，还包括一个内置水袋。按照美国航天飞机舱外航天服穿戴标准，穿上该套装总共有 10 个步骤，第一步，就是要穿上最大吸收服装（MAG，Maximum Absorption Garment）——这种服装能够帮你解决在舱外活动时的"内急"问题，要完整穿上全套服装需要花费大约 15 分钟。但在真正进行舱外行走前，你往往还需要花上一整天来做准备，其中包括几个小时的纯氧呼吸、一段时间的气闸降压。

在太空时，一定要在腰部系上安全绳，这有助于你随时与飞船相连。同时，你也将配备一套带控制杆和喷气式背包的装置，它被称为简化舱外活动营救设备——即使安全绳断裂，营救设备也可将你安全带回舱内。根据执行任务的复杂程度，舱外行走持续的时间短则几分钟，长则几个小时，但无论工作多么艰难，都不要忘记停下来欣赏这绝无仅有的太空美景。

你敢去做吗

这是什么? 经典的舞台魔术特技表演。

为什么你还不去做? 一旦手滑,那后果不堪设想。

据说,"腰斩"这一经典幻觉魔术由一个名叫托里尼(Torrini)的魔术师在 1809 年为取悦教皇庇护七世(Pope Pius VII)而发明。不过你放心,在这令人眼花缭乱的魔术场面里并不会有人受伤。不过,如果你拥有一个愿意在表演中匿名上阵的"脚模",那就更好了……

尽管这个故事听起来很让人信服,但事实上托里尼为取悦教皇而表演该魔术的事迹并没有任何证据。首次记录在案的演出是在 1920 年的伦敦圣乔治大厅(St George's Hall),当时一位名为 P. T. 塞尔比特的魔术师为了让一位受邀的来宾开心而进行了这次"惊险"的表演。他先是将助手锁进一个大木箱,接着这个棺材般的木箱被一串铁链拉着立了起来,然后塞尔比特做出好像是在锯助手腹部的动作。最后箱子被拆开,助手从箱子里走出来——让大家大跌眼镜的是,助手居然安然无恙。

一年后,该魔术取得了实质性的突破。一个名叫贺瑞斯·戈尔丁的美国魔术师想出了使助理的头部和脚部在表演中露出来的方法。戈尔丁有着精明的商业头脑,他为该技术申请了专利,并因此在接下来的好几年里有效地阻止了其他魔术师在美国表演该魔术。然而另一方面,由于申请了专利保护,他的魔术秘诀必须向公众公开,任何对该魔术有兴趣的人都能了解到其中的原理。虽然到了今天,"腰斩"魔术已经被人表演过无数次,细节更逼真,场面也更令人惊叹,但来源于戈尔丁的最原始的方法依然能牢牢抓住大众的眼球。

这个魔术最关键的是,你需要两名助理。按传统惯例,助手得是女性,长得漂亮,穿着暴露(尽管这个时代讲究机会平等,但如果上台表演,能够吸引更多男性观众的注意力总归是好的)。除此之外,你还需要一个特别设计的木箱和一张桌子。这张桌子要比一般的桌子更高,而且顶部要挖空。在箱子的中部需要有一个搁脚板,大概位于箱子一半的深度。箱体的下半部分要有一个不显眼的暗门,刚好与桌子顶部挖空的这扇门对应,还要有能够让双脚伸出去的两个洞。箱子的上部凿的洞要足够大,以确保助手的头能够探出去。

在观众到达之前,你的另一名助手(可以

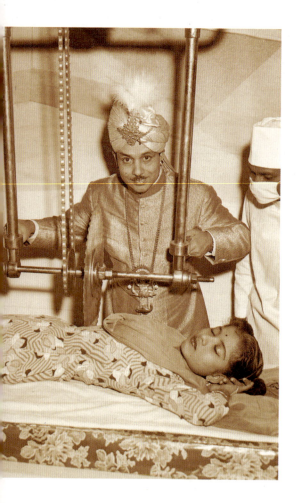

这只造成了一点点伤害 P.C. 索卡是一位印度魔术师，于 1971 年去世，他生前曾经享誉世界。这里我们看到的是他在巴黎的一场表演——那个戴着医用口罩的旁观者只带来了一些因颤抖而造成的额外伤害，真是万幸。

把她称为助理二号）要先把自己藏在掏空的桌子上部。

等到观众到场，并对奇迹翘首以盼时，你开始介绍助理一号。尽量多使用些夸张且华丽的手势，它们虽然没什么实质作用，但却总是很受观众欢迎，并因此能帮助分散他们的注意力，使他们对接下来发生的事情降低"防备之心"。准备就绪后，打开木箱盖子上牢固的锁，记得要旋转着打开，这样才能使助理一号优雅地滑入箱中。

见证奇迹的时刻到了。当助理一号在箱中就位后，立刻旋转桌子，让观众能看到助理一号的头在这端，脚在另一端。当旋转的角度使观众看不到脚的那端时，助理一号扭曲身体使自己的脚踩在脚踏板上，而助理二号则通过暗门将脚伸出来——当双脚再次回到观众视野时，一定要让脚趾浮夸地扭动几下。

接下来是你的表演时间，使用你喜欢的任何锯切设备，从箱子的中央（也就是沿着搁脚板的下侧）开始锯。虽然你锯的是空气，但为了给观众营造紧张气氛，助理一号会喊出一两声令人毛骨悚然的尖叫。现在抓住机会，往箱子里插入几块金属板来遮住内壁——你的观众会相信这是为了让他们避免看到箱子里可怕的血腥场景。最后，一口气使箱子的上下段脱离，你会听到入迷的观众开始爆发出阵阵尖叫。

在观众的欢呼声中感到心满意足后，将木箱的两部分重新合在一起，取出金属板，轻击箱子，使助理二号知道此时她的双脚要放回桌子的顶部。现在，助理一号可以毫发无损地从箱子里走出来，尽情地享受人们的掌声和赞扬！

你敢去做吗

83 坐着木桶横渡 尼亚加拉大瀑布

这是什么? 在世界上最著名的瀑布上大胆一跃。

为什么你还不去做? 风险很大,救援人员可能要用力铲开桶的底部才能把你的遗骸弄出来。

尼亚加拉大瀑布是世界上最壮丽的自然美景之一,你有各种各样的方法,在任何你觉得舒服的地方观赏到尼亚加拉大瀑布的壮美。你可以在瀑布脚下乘坐著名的"雾中少女号"(Maid of the Mist)游船,或者乘坐直升机飞临瀑布上空。不想乘船?好吧,如果你真的想要与尼亚加拉大瀑布来个亲密接触,其实还有另外一种选择……

尼亚加拉大瀑布(Niagara Falls)位于加拿大和美国纽约州的交界处,事实上,尼亚加拉大瀑布包括3个独立的瀑布:在加拿大侧的马蹄瀑布(The Horseshoe Falls)、较小的美国瀑布(American Falls)和纽约侧的新娘面纱瀑布(Bridal Veil Falls)。最令人印象深刻的是马蹄瀑布,它有790米宽,并在经过53米的落差后流向野外和冰冷的海域。来自五大湖中的四个湖泊的水流以每秒228万升的水量涌向瀑布。

第一个提出用木桶横渡尼亚加拉大瀑布这一想法的是安妮·爱迪生·泰勒,这位退休教师想通过这种非比寻常的方式来庆祝她的63岁生日。然而,在使用该木桶前,泰勒女士决定让她的猫咪艾佳拉先测试下这一经过特别改装的装置。虽然很不情愿,这只可爱的小猫还是踏上了冒险旅程。最终,艾佳拉存活了下来,只有头部有一小处划伤。泰勒女士则在两天后

下水。1901年10月24日,她在桶里待了40分钟,和她的猫一样,最终也只是额头处受了点伤。在此之后,她平安无事地又生活了20年,最后在附近的奥克伍德公墓(Oakwood Cemetery)的"特技人区"长眠。听了这个故事后,你是不是也跃跃欲试?

首先,你要仔细考虑一下动机。你之所以想要坐着木桶横渡瀑布是因为想死吗?如果是,那请你尽快寻求专业帮助,或者赶紧在房间里躺下直到这种念头消失。除了蓄意自杀外,在泰勒女士之后已有15个人试图横渡瀑布,不过基本乘坐的都是还算结实的船。他们中许多人显然是受名利和财富的驱动而进行这项尝试,其中有5人丧命。但可悲的是,并没有多少人知道他们的名字。

目前,在瀑布前"无证杂耍"被列为刑事犯罪,罚金高达10000加币。多年来,加拿大当局对这些即兴出现的冒失鬼鲜有同情——

你敢去做吗

在瀑布中航行的英雄 上图，我们可以看到壮观的瀑布。前一页所展示的是威廉·希尔，一个自称"尼亚加拉英雄"的人，他在 1931 年准备第三次在瀑布中航行。1910 年，希尔因拯救了另一个尼亚加拉瀑布特技表演者博比·利奇而一举成名，据统计，他总共拯救了 28 个在瀑布中及在瀑布周围溺水的人。

比如，在 2003 年，一个名叫柯克·琼斯的男子在不乘坐木桶的情况下横渡了大瀑布且幸存下来，他甚至婉拒了"雾中少女号"提出的要送他上岸的邀请。

对于他付出的努力，柯克获得了 2300 美元的奖赏，然而却被禁止再次进入加拿大境内（无论是通过瀑布还是其他方式）。

除此之外，你的身体能承受这次冒险吗？用来横渡大瀑布的木桶都很结实，并且经过了特别加固，但无论里面有多少填充物，你还是会被撞得厉害，甚至可能会被割伤、擦伤、发生骨折甚至脑震荡，更不用说撞在岩石上了。这就是为什么所有的成功横渡案例都发生在马蹄瀑布——与岩石分布较密的美国瀑布相比，马蹄瀑布石块相对较少。

一旦开始下落，你将面临淹死在冰水里的威胁——安妮·泰勒在下落后只过了 20 分钟就被救起。等待救援才是最令人恐惧的阶段。有些人会在桶内系上带子以增加稳定性，很多人还加上了"压舱物"（奇怪的是，通常用的是铁砧）以确保木桶不会翻过来。这些防范措施对于英国人查尔斯·史蒂文斯而言，却适得其反。1920 年，他成为该项尝试中丧命的第一人。在与水撞击后，绑在脚上的铁砧穿破了桶底，把倒霉的史蒂文斯拖了下去。当木桶最终被找回时，人们发现史蒂文斯的右臂依然还绑在里面——这真是个恐怖的景象。

如何才能成功横渡呢？其实是有理论可循的。有人说，成功的关键在于尽可能接近瀑布的边缘，这样你下落的速度不会增加太多。其他人则断定，瀑布底部的"水锥"为桶里的人提供了软着陆区。不过你能否遇到这些水锥，那得靠运气。另一种理论认为，那些挑战成功的人实际上"驾驭"了水，就像冲浪者骑着波浪一样。当然，如何能在桶内成功地"驾驭"水，这又是一个有待进一步探讨的问题。

84 撬开保险箱

这是什么? 银行抢劫的终极目标。

为什么你还不去做? 你几乎没有合法的理由去做这件事。

在电影的某些桥段里,撬开保险箱是很容易的,身手敏捷的小飞贼迅速地来回拨动保险箱上的转盘,"咔嗒"一声,保险箱就被打开了——但如果是从超级大坏蛋的总部窃取证据(或者偷一串钻石项链),那可就没那么简单了。这时候,你要怎么办呢?

撬开保险箱的关键之处在于时间。无论采取何种办法,永远是越快越好。

第一种最常见的方法是猜密码组合:有的保险箱可能有超过一百万种密码组合,但在专业人士看来,人们设置密码的习惯是很好预测的,那些表面上看着是随机的密码其实都来自生日、电话号码或者其他容易发现的数字序列,甚至有的人会忘记更换制造商设置的原始密码组合,有些人则在保险箱附近写下密码组合以防自己忘记。

假如你没那么幸运,以上这些情况你都不曾遇到,那么你还有另一种方法——通过在保险箱上钻孔使锁露出来,这样在冲杆的帮助下,你就可以操控保险箱上的锁了。然而,许多制造商为防止保险箱被撬,特地采用了钻金属板来抵抗最强的钻头。还有的制造商则在锁上布置陷阱,一组锁被撬开后将启动另一组锁来保护保险箱。

几乎没有保险箱抵抗得住控制爆破。这种方法的唯一问题就是保险箱里的东西可能会和保险箱一样被炸坏。使用氧乙炔炬、等离子切割机或热喷枪也存在同样的问题。

在电影里,撬保险箱的盗贼经常通过辨别声音来取得成功——这需要灵敏的触觉、听觉以及异于常人的耐性,毕竟能够找出密码组合的线索的"咔嗒"声是很微弱的。这是真正的艺术,既然它也是好莱坞首选的方法,当然也值得深入探索。

保险箱上的旋转锁有 2 ~ 8 个轮组(一个齿轮对应一个数字)。主轴不仅连接保险箱前部的密码组合盘与齿轮,也与驱动凸轮相连。每个齿轮在其边缘上都有单凹接头,目的是使所有齿轮都就位,最终使凹口在顶部对齐。中间产生的空隙将内置一块被称为"锁栏"的小金属条。当凹口未对准时,锁栏的作用就凸显了,它会像门闩一样卡住保险箱的门。1940 年,

你敢去做吗

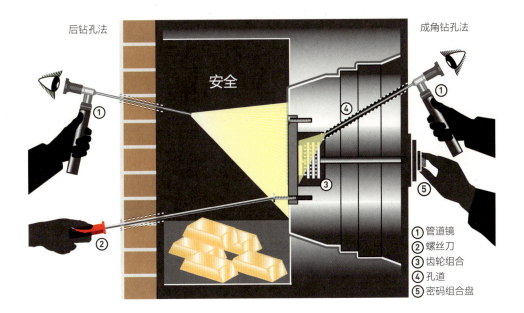

后钻孔法   成角钻孔法

安全

① 管道镜
② 螺丝刀
③ 齿轮组合
④ 孔道
⑤ 密码组合盘

钻孔技术 专业的钻孔技术在撬保险箱时可提供一些捷径，从保险箱正面一个特定角度钻进去，避开防护板（成角钻孔法，右边），撬保险箱的人在拨盘时可借助管道镜观察齿轮转动。另一种选择（后钻孔法，左边），是从保险箱背面钻入锁的后部，直接拨动齿轮。

哈利·康拉德·米勒想出了一种方法，一直沿用至今。首先，撬保险箱的人需要搞清楚每个接触点在齿轮上的位置。这些点是控制杆连接到凹口上锁栏刷的点，如果训练有素，即便是轻微的"咔嗒"声也能被听出来。

找到驱动凸轮上的接触点后，盗贼会在转盘上记下相应的数字，然后将拨盘拨到与接触点数字相对的中点，慢慢地将转盘右转并且在经过接触点数字之后听那一系列"咔嗒"声。"咔嗒"的次数能让盗贼知道齿轮的个数，以及密码组合有多长。

接下来，将转盘拨到 0 并向左转动。盗贼再次听到接触区域包含了信息的"咔嗒"声并记下数字。重复该过程，每次将开始点向左移动几个数字。接触点数字每次会略有不同。

最终，盗贼拥有了他们需要的所有数字并将它们绘制成图，一个用于左接触点，一个用于右接触点。交集中的点应该与齿轮数目一样多。记下交集中的点，现在盗贼手头上有了有限数字来逐个尝试。例如，3 个数字具有 6 个可能的密码组合，而 6 个数字则有 720 个组合。虽然需要尝试的次数还是很多，但与没有参考点的情况相比，这已经少得多了！

怎么样，你学会了吗？这可比电影里的乔治·克鲁尼操作的样子要复杂得多，而且，毫无疑问，攻破保险箱可不是像在公园散步那样简单！

85 太空跳伞

这是什么? 从地球大气层外自由坠落。

为什么你还不去做? 降压病、失去意识、内出血,还有坚硬的地面,你自己选吧!

尽管跳伞者跳出飞机后,只能在脆弱的绳索和帆布的"保护"下听天由命,但这项刺激的运动依然广受人们喜爱。目前,跳伞爱好者们又面临一个新的挑战——飞机飞到难以置信的高度后,他们将从大气层外一跃而下,借助降落伞重新回到地面。

时至今日,太空跳伞已发展为一项颇具暴利的商业运动。最早的太空跳伞尝试者是美国空军上校约瑟夫·基廷格,在 1959 年和 1960 年的 Excelsior 计划中,他从悬挂在氦气球上的太空舱里一跃而下完成了这一壮举。这一计划(其名称意味着"不断向上")的目的在于测试为拯救高空飞行员而设计的多级降落伞系统。基廷格的太空跳伞职业生涯在 1960 年 8 月 16 日达到了巅峰——当时他从 31300 米的高空跳下,并在开启主降落伞之前自由下落 4 分 36 秒。

基廷格的纪录保持了 50 多年,然后在 2012 年被奥地利极限运动员菲利克斯·鲍姆加特纳打破。基廷格的跳伞是在成功完成后才被大范围宣传的,而鲍姆加特纳则是在万众瞩目的全球宣传攻势下完成的。为了防止跳伞发生意外,"实时"直播的画面延迟了 20 秒。

此外,虽然鲍姆加特纳跳伞的最终目的在于收集科学数据,从而为未来的高空压力服设计助力,但这次活动的赞助商并不是航空航天局,而是一家软饮料公司。项目全名为"红牛斯特拉托斯项目"(The Red Bull Stratos Project),该项目经过了多年规划,并且聘请了一个庞大的专业团队——从科学家、工程师到教练缺一不可,当然还包括出色的媒体经理。

鲍姆加特纳早些年就因为在空中的大胆壮举而声名在外,他从 39000 米的高空跳下打破了长期以来的世界纪录。2012 年 10 月 14 日,鲍姆加特纳进入了一个悬挂在气球下、直径达 1.8 米的太空舱内,花费三个小时上升到了目标高度。随后,他从外太空的边缘跳下,进入地球大气层的主要部分。在下降期间,鲍姆加特纳的速度达到了每小时 1358 千米,成为没有机械援助而打破声障的第一人。9 分钟后(包括 4 分 19 秒的自由落体时间),他最终在沙漠安全落地。

所以,如果你心怀壮志想要打破鲍姆加特

你敢去做吗

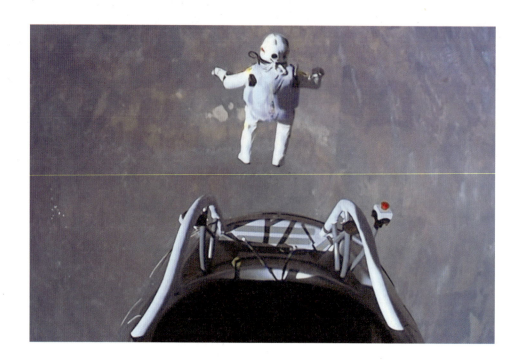

太空落体 奥地利极限运动员菲利克斯·鲍姆加特纳从特别设计的太空舱中跳了出来，这一跳使他成为传奇。2012 年 10 月 14 日，他在新墨西哥州罗斯威尔 39000 米的高空中做出了惊人的一跳。

纳的纪录，并且还能找到赞助人，那么你应该从鲍姆加特纳的经历中学点经验。

首先，毫无疑问，在进行这项尝试之前你需要大量的跳伞经验——虽然"自由落体"看起来并不困难，但你需要学会控制，从而使自己处在稳定的轨迹上，最重要的是要避免可能会导致你晕厥或内出血的快速旋转。

除此之外，你还需要耐心：氦气球十分脆弱，因此只有在各方条件都很完美的情况下才能升空——要做好延时延期的心理准备。你要学会放松，特别是要学会应对幽闭恐惧症。要知道，在上升期间，你将有好几个小时都被束缚在狭小的太空舱内，身着让你"动弹不得"的压力服。确保在地面上有一个友好且值得信赖的伙伴能陪你聊天——鲍姆加特纳的团队聘用了约瑟夫·基廷格作为他的教练和负责"地面控制"的冷静陪聊伙伴。

不要指望你在回来时还能保持和你离开时一样的心境。对于鲍姆加特纳来说，此次经历终生难忘："有时候，你必须上升到一定的高度才能真正知道自己有多渺小。"

210

86 单人徒手攀登埃菲尔铁塔

这是什么? 徒手攀登巴黎地标性建筑物。

为什么你还不去做? 我们大多数人都受不了这么高的高度。

在所有形式的攀岩中，"徒手攀登"可以算得上是最困难且最危险的。普通的攀登者会在攀岩过程中使用绳索和专用装备，"自由"攀登者只使用防止跌落的工具包。然而，徒手攀登者则选择不带任何装备。

在建筑物上进行惊险运动也被称为"爬楼"，极限类运动还不是那么风靡之时，这种大胆的玩法也鲜有人知。有充分的证据证明英国登山者兼作家杰弗里·温斯洛普·扬就是这项运动的精神创始人——19世纪末，他在剑桥大学的各种建筑上留下足迹，并做了详细的记录。

仅凭常识也能知道，徒手攀登并非易事。事实上，倘若你非业内行家或技巧娴熟的登山者，千万不要轻易尝试徒手攀登——这可不是一个初学者能应付得来的运动。优秀的徒手攀登者需要强有力的后背肌肉、如虎钳般的抓取力、良好的协调能力以及高超的攀登技术。他们需要经历成千上万小时的磨炼，从而将技巧内化为本能。

对于那些已准备好接受挑战的人而言，徒手攀登更多侧重的是集中注意力和保持良好的心理状态，体力倒是其次。不带任何安全设备意味着你连犯错误的余地都没有，如果你从建筑物上跌落，也将会是你人生的最后一次跌落——多年来，这项运动夺去了几位著名徒手攀登者的生命。挑战极限是好的，但只有最鲁莽的攀登者才会在不知前方艰险为何时就"迎难而上"。一个负责任的徒手攀登者应该在知道自己具备了应对挑战的技能后，才勇于攀登。换言之，他们是在自己的极限内攀爬。事实上，为了更好地进行徒手攀登这一特殊挑战，他们可能在此之前就已经带着安全设备演练过了。

那么，人们为什么对埃菲尔铁塔情有独钟呢？它既不是世界上最高的建筑，也不是最具挑战性的建筑。但事实是，埃菲尔铁塔作为地标性建筑，多年来吸引了众多攀登者。这座著名的铁塔由古斯塔夫·埃菲尔（Gustave Eiffel）为迎接1889年巴黎世界博览会（the World's Fair）而设计。不论你什么时候去参观，都能看见一条长长的买票队伍。如果你对此心生恐惧，那么，外部攀登显然是登顶速度

极限攀登 1996 年除夕夜，阿兰·罗伯特登上了埃菲尔铁塔。随后，他将埃菲尔著名的铁框架描述为"只是一架巨大的梯子而已"。上图拍摄于 2007 年，当时他正准备登上更具挑战性的迪拜哈利法塔——哈利法塔的高度是那座著名的巴黎地标性建筑的三倍。

最快的一种方式。

然而，在未获得授权的情况下徒手攀登埃菲尔铁塔是违法的。任何抱着侥幸心理的人都将被迅速逮捕，可能处以罚款，甚至是监禁。2007 年 11 月，英国攀登者迈克尔·罗伯逊在埃菲尔铁塔高 200 多米处被捕，他声称该举动是为了引起人们对缅甸人民所面临困境的关注。他从塔的东南角开始，攀爬了大约 50 分钟的时间，其间为了躲避当局的抓捕浪费了额外的 20 分钟。

最有名的徒手攀登者要数法国蜘蛛人阿兰·罗伯特了。他在 20 世纪 90 年代末进行了一系列攀登，其中就包括埃菲尔铁塔，另外还有帝国大厦、金门大桥、吉隆坡双子塔和世界上最高的建筑——迪拜哈利法塔。然而他的大部分攀登都是非法的，为了不被保安抓住，他通常在黎明时分开始攀登。出于宣传目的，他也对许多攀爬过的建筑物付费（例如 6 小时的哈利法塔攀登就获得了正式批准，为此罗伯特同意带上绳索来满足安全需求）。据传言，目前西欧最高建筑伦敦碎片大厦（The Shard）的业主已经对"蜘蛛人"下了禁令。

对于任何勇敢或者"无知无畏"的人而言，想要加入埃菲尔铁塔徒手攀登者的精英团队，都需要注意以下基本要点：

· 在你负担得起的范围内买最好的攀登鞋。

· 随身携带一袋攀岩粉，以保持双手干爽并提升抓取力。

· 耐心等待好天气。即使在天气最好的时候，攀登都十分困难，如果遇上雨天或冰雪天气，一定不要勉强。

· 最后，别着急，慢慢来。不管不顾地快速攀登可能会让你有生命危险。

87 窃取王冠

这是什么？ 也许是终极犯罪。
为什么你还不去做？ 这些珍宝的戒备恐怕是世上最森严的。

虽然多年来窃取王冠的事件时有发生，但想要从英国王室那儿得手却并非易事。时至今日，如果你想放手一搏，不难发现如今的安保措施早已不可同日而语——但或许你仍然可以从过去的传奇故事中学到一些经验教训。

英国王冠市面上的估值在 130 亿英镑左右。最引人注目的是 1838 年为维多利亚女王制作的"英帝国王冠"（the Imperial State Crown），上面镶嵌着一颗黑王子红宝石（这颗鸡蛋大小的宝石由爱德华三世的儿子黑王子于 1367 年在西班牙获得）、2818 颗钻石、297 颗珍珠和各种其他宝石。同时，皇家权杖上则镶嵌了著名的"非洲之星"钻石，该钻石重 530 克拉。你是打算偷这颗最大的钻石，还是你更喜欢稍微低调些的，如 186 克拉的光之山钻石（Koh-i-Noor）？这是世界上第二大切割钻石，如今镶嵌在伊丽莎白女王的王冠上。

王冠珠宝自从 1303 年在威斯敏斯特教堂（Westminster Abbey）被盗未遂之后，就一直被放置在最安全的皇家城堡伦敦塔上。1994 年后，这些珠宝则被安置在滑铁卢营房（Waterloo Barracks）的一个特别建造的珠宝屋里，每小时有 2500 名游客参观。它们被放在法国天鹅绒上，由 5 厘米厚的钢化玻璃保护，即使你打破了玻璃箱，也不可能逃过整个伦敦塔卫队和御用侍卫队的追捕。然而事实总是出人意料，历史上曾经出现过一次几近成功的王冠盗窃事件，事件的主谋正是盎格鲁－爱尔兰士兵上校托马斯·布拉德。

布拉德在 1671 年构思了他的大胆计划。当时王冠被放置在伦敦塔中的马丁塔上，专门聘请的托管人会每天例行检查。春末，布拉德伪装成牧师造访该塔，同行的还有假装是他妻子的同伙。当看到王冠时，"妻子"假装胃痉挛，于是年迈的珠宝屋主管塔伯特·爱德华兹匆忙过来帮忙。爱德华兹太太对布拉德夫人十分关心，并邀请她去他们的公寓里休养。在接下来的几周里，两对夫妇之间的友谊就此展开。最后，布拉德甚至提出要让他的侄子和爱德华兹的女儿结亲。

5 月 9 日，布拉德又去看了一次王冠，这一次由他的"侄子"和另外两个同伙一起。他

你敢去做吗

坚固的堡垒　在伦敦塔坚固的城墙内有一座中央白塔，这座白塔是由征服者威廉在 11 世纪晚期时下令建造的。如今，英国王冠就保存在位于白塔对面的滑铁卢兵营的珠宝馆里，而且一直有重兵把守。

们在携带的手杖里藏着小刀和其他各式武器。其中一名同伙负责警戒，其他人则出其不意攻击爱德华兹，朝他扔了一件斗篷遮挡他的视线，然后用武器击打他，最后把他绑了起来并堵住他的嘴。保护珠宝的金属格栅迅速被移除，这些人把所有能带走的都拿了出来。随后，

他们毁掉了王冠上的徽章，试图隐藏它的真实来源。

幸运的是，当爱德华兹设法脱身时，他的儿子正好发现了这次偷袭。他们拉响警报，几名看守在布拉德和他的同伙后面紧追不舍。布拉德很快被捕，被盗的王冠也被找回。布拉德身绑铁链被带到国王面前，但是令人困惑的，是皇室不仅赦免了他，还在爱尔兰给了他一处面积相当大的房产。有人认为，国王是被布拉德无畏的冒险精神感化了，但如今要是有人试图再耍该诡计，得到的可不会是这么宽宏大量的处置了。

你敢去做吗

88 来一次摩托车斜坡跳

这是什么? 你能在两个轮子的交通工具上做出的最令人印象深刻的事。

为什么你还不去做? 埃维尔·克尼维尔经历了 433 次骨折,而他已经是这方面最好的选手了……

20 世纪 70 年代,特技机车人埃维尔·克尼维尔是美国的标志性人物,也是世界上最著名的人物之一,人们崇拜他不怕死的冒险精神,不论失败还是成功,他都一样受人瞩目。如果你想效仿他,也在斜坡车道上精彩亮相,那你需要唤醒内心深处的勇气,全神贯注地发挥出你的运动精神。

在选择这条道路之前,你需要知道的是,克尼维尔除了表演过很多长距离摩托跳,还在吉尼斯世界纪录中创下了一个让人无法"羡慕"的纪录——从 433 次骨折中恢复元气。毫无疑问,作为特技跳跃者,无论你在职业生涯中获得怎样的成功,无论你的成就有多么辉煌,你都要经历无数的苦痛。

首先,请你想清楚,你是不是真的想成为一个摩托车跳跃表演者,如果你只是一时性起,在面对斜坡时,却想躲回家玩玩小游戏,那还是趁早放弃吧。要想真的走上这条路,你必须体力过关、意志坚定、无所畏惧。当然,会骑摩托车也是加分项,但是成功的跳跃很大程度上依赖于拼尽全力沿直线走,所以即便你不是那么擅长转弯也没什么好担心的。

其次,一定要舍得投资购买正确的装备——这很可能会救你一命。买品质顶级的皮外套,并确保里面内置有脊柱保护装置。在负担得起的范围内买最好的头盔、耐磨的手套和靴子,还要为你的肘部、膝盖和小腿购置护套。身上所有的穿着都要能防火。

再次,摩托的选择是个人品位的问题,但马力一定要强大。任何越野摩托车都可以,也许还要做些改装——埃维尔·克尼维尔最喜欢的是哈雷-戴维森 XR-750,一辆以美国星条旗为装饰的 82 马力赛道跑车。在你进行"第一跳"之前,请先与专业人士沟通,虚心求教。拜经验丰富的跳跃表演者为师,甚至还可以到附近的特技训练中心去学习。

最后,你要努力提高肾上腺素水平——这不仅费时费钱,而且伤神、耗精力。除此之外,你还需要能够理解你抱负的雇主和合作伙伴。

先定一个小目标:当前的摩托车跳跃世界纪录由澳大利亚的罗比·麦迪逊保持,他于 2008 年在墨尔本跳跃了超过 107 米的距离。但对你来说,这无疑是一个遥远的梦想。早期的跳跃不要太长，胃口不要太大——你需要慢慢了解自己的能力和摩托车的脾气。

任何成功的跳跃都是从"计算模拟"开始的。你应该与专业人士一起确定当你到达斜坡时需要达到什么样的速度，才能在空中飞转，并最终跳跃出你内心期望的距离。要一而再、再而三地检查你的操作方式！无论身在何处，都要确保具有进行摩托车跳跃表演的所有相关许可。同时也要考虑到观众的安全——有防撞护栏的地方是首选。

请保养好你的摩托车，它必须处在最佳状态，这样才能承受落地时的力度。在演出前，要确认车架没有裂缝，轮胎里的气也必须充到最佳压力状态。如果能买一个加垫座椅，那就更好了。如果在当天有任何配件是你觉得没有到位的，或者觉得自己好像不对劲，那么一定不要勉强自己。总会有再跳的机会——但是如果你觉得状态不佳却依旧硬着头皮上，那可能这真的就是最后一次机会了。

确保表演用的斜坡完全对齐，并且有足够长的距离来达到所期望的速度。在跳跃之前，做一些热身活动，尽可能把自己逼到极限。其实这就相当于一个高尔夫球手在真正发球之前的挥杆练习。

最后一步，仔细检查你靠近斜坡时的速度——如果速度不对，那就停下来，并调整自

己。当你直接驶入坡道时，你的膝盖应略微弯曲地依附在摩托车上，身体居中平衡。一旦到了斜坡，按下车把压紧车叉，然后在起跳时放松，以提供向上的弹力。

在空中时，也要保持摩托车直行并平衡。前轮要稍微抬起，以便后轮先落地。当前轮抵达地面时，保持直走以避免晃动。

跳跃的奖励方式往往是荣誉而非现金——即使是伟大的埃维尔·克尼维尔也悲伤地感慨道，在他的职业生涯中，他"赚了6000万美元，花费了6200万美元"。不要指望靠这个发家致富，但可以确定这是你最勇敢的壮举，你将拥有大批追随者，所以尽情地享受人们的崇拜吧！

空中飞跃 2010年，俄罗斯摩托车手阿列克谢·科列斯尼科夫完成了其首次跨越"飞行"卡车的摩托车跳。起跳与着陆之间的斜坡有12米高，科列斯尼科夫以每小时60千米的速度帮助自己起跳。

89 表演空中飞人

这是什么? 在马戏团大帐篷里被人"抛来抛去"。

为什么你还不去做? 飞跃并不可怕,可怕的是摔到地上。

19 世纪中叶,传奇人物朱尔斯·莱奥塔德使空中飞人这一杂技名声大噪。空中飞人的表演具有惊人的视觉效果,演员们在高空摇摆,做着看似不可能完成的杂技动作。在马戏团的节目里,还没有哪个能超越它。那么,你要怎样才能像他们一样"非常轻松地从空中穿梭而过"呢?

如今,大多数空中飞人表演由两名演员共同完成,他们彼此之间相互信任。在能够开始真正表演之前,"飞人"和"接手"需要经历好几年的训练与磨合,每周六天,每天四个小时。

要想成为空中飞人的演员,你必须体格健壮、英勇卓绝,还要做好栽几次跟头的心理准备。当然,你肯定不能恐高。你需要在距离地面 6 ~ 12 米的高度工作——在这样的高度下,任何理智的人都会要求加设一个安全网(练习时还要加上安全带)。然而,在莱奥塔德的时代可没有这些防护措施,人们只是在地上布置了一些床垫以防表演者突然跌落。

作为初学者,你应该先穿一身合适的运动服。别忘了戴上由胶带制成的特殊"手套",它能保护你的双手。训练从学会最简单的摆动开始。这说起来容易做起来难——第一次跳下平台,那可是真正的"信仰之跃"。但无论如何,请保持冷静。在表演之前,用防滑粉擦手,保持双手干燥以提高抓取力,然后牢牢抓住吊架。不要紧张,把这当成一个简单的尝试,良好的心理状态将给你带来巨大的勇气。你可以通过晃动双腿来加速,但大幅度动作的起跳可能会让吊架突然变紧,导致你悬停在空中。

一旦你掌握了摇摆的技巧,就可以开始学习一些简单的表演动作和不同的抓取动作。最后,你将与接手演员一起配合练习。练习包括在摆动中期丢弃扶手,使自己朝着另一个扶手上的接手演员飞去(这个动作被称为"捕捉陷阱")。此时的沟通至关重要——接手演员准备好时会朝你打手势,你也可以让他们知道你就要来了,等等。最后,接手演员会将你甩回吊架(这个动作则被称为"返回")。除此之外,你还有机会施展各种动作来娱乐观众,不论是脚尖旋转、翻筋斗还是著名的"天使"动作(接手演员抓住你的脚和一只手臂),你都可以表演。

90 操纵 747 降落

这是什么? 控制一架大型喷气式客机。

为什么你还不去做? 一般飞行员都要花很多年时间才能掌握这门驾驶技术。

尽管在电影中风光无限,但在现实中,到目前为止,都还没有未经训练的平民在紧急情况下使商用飞机成功安全着陆的记录。2012 年,一名乘客确实在副机长生病后协助一架 747 大型喷气式飞机在都柏林机场(Dublin Airport)降落——但那位乘客恰好是一名休假的飞行员。人生总有意外,万一哪天你突然出现在飞机驾驶舱,那你要怎么办呢?

第一条建议:不要惊慌!当你试图将一个载满人的飞行金属罐子从天空降落到地面时,一定要保持头脑清醒。记得确保任何无行为能力的机组成员都坐在座位上扣好安全带,而不是趴在控制台上。

你的首要目标是让飞机进入稳定路径。在仪表盘上,有一台姿态仪(有时标记为"仿真水平仪"或"陀螺地平仪")。无论机翼(用一对直线表示)是否平稳,也无论你是水平驾驶、上升还是俯冲,这台仪器都会告诉你飞机相对于地面的飞行姿态(天空是蓝色的半圆,地面是棕色的,而地平线是红色的)。在姿态仪的附近,有一个高度仪,它能够在刻度盘上表示出目前的绝对高度,但这个可以晚点看,毕竟现在最重要的是飞机是否呈水平直线飞行。如果答案是肯定的,那你可以暂时松口气——自动驾驶仪可能正开着,计算机正在使飞机保持正常飞行的状态。

然而,如果飞机头明显地朝上或朝下,又或者机翼在来回打转,那你就要好好控制下飞机了(附有方向盘的操纵杆应该就在你面前)。慢慢将机头拉回来使其向上,然后向前推使它向下,同时向左或向右来平衡机翼。

一旦眼前的危机解除,就要尽快向专业人士求助。找到手持式收音机,按 PTT 键(按下通话),说"Mayday"(求救信号)三次,然后放开 PTT 按钮,等待响应。 如果没有立即收到回复,请将射频设置为 121.5 MHz。当你收到回复时,描述当下的情况——确保他们明白你的飞行经验仅限于玩过微软的"飞行模拟",并且你目前非常需要有人帮忙。

你敢去做吗

机场飞行控制中心将尽他们所能，告诉你如何安全着陆。一定要听他们的安排，并尽可能准确和简洁地回答他们的所有问题，不要慌。理想情况下，专家很快就会上线，与空中交通管控中心配合，指导你接下来的步骤。理论上，现在你只需要简单地按下按钮，拨开开关。

现代喷气客机的优秀之处在于，如果自动驾驶仪处于开启状态，它们几乎可以自行降落。在飞机到达着陆区域上方约 30 米之前，你几乎什么都不必做。找到传动装置手柄，并在被告知时启用起落架。你会被告知如何调整缝翼和襟翼以准备着陆，同时为了尽可能平稳降落，你还要在指导下操控控制器（在这种特殊情况下，你的乘客肯定会原谅你降落时的"稍有颠簸"）。

一旦到了地面上，节流阀就要一直向后拉，同时踩下制动器（在你脚下的方向舵踏板的顶部）。方向舵踏板也能控制飞机机头的前轮，因此，如果飞机偏离跑道，你可以使用方向舵踏板控制它重新回到中央线。

当飞机完全停止时，你可能会看到跑道上的灯亮起，应急车辆朝你飞驰而来，还会听到乘客释然的欢呼声和掌声。此时，你在前面找到"点火钥匙"，转动它以关闭发动机，解开座位上的安全带，沉浸在专属于你的荣耀里吧！

"锡鸟" 这架波音 747 "大型喷气式客机"于 1970 年首次飞向天空，其容量比任何一架客机都要大得多。不论电影《空前绝后满天飞》的故事情节是怎样的，最好还是让一名技术娴熟且训练有素的飞行员来驾驶飞机！

在收音机下面有一个异频雷达收发机，可以帮助空中交通管制定位到你。将拨号设置为"7700"或键入号码"7700"，这是一个紧急呼叫号码。

你敢去做吗

91 与袋鼠来一场自由搏击

这是什么? 与有袋动物进行对决。

为什么你还不去做? 袋鼠们可不懂拳击规则。

澳大利亚用一只拳击袋鼠的形象作为奥运会官方吉祥物。这很正常,毕竟袋鼠是澳大利亚最具标志性的生物,它的拟人拳击姿态反映了澳大利亚人对体育赛事不屈不挠的精神。但话说回来,你真的想和袋鼠打一场吗?

虽然有人会误把袋鼠拳击当成一种"现代神话",但事实上,袋鼠真的会打拳击。虽然袋鼠无论雄雌都很"凶残",但进行拳击的大多数还是雄袋鼠。幼崽之间的"打闹嬉戏"在成年袋鼠眼里可是很严肃的事情,袋鼠经常通过"打架"来建立社会等级、划

袋鼠的习性 在澳大利亚西部,两只雄性西部灰袋鼠相互扭打在一起。雄性袋鼠身高约1.3米,体重超过50千克。在大型袋鼠群体中,"打架"是建立社会等级的一种方式,同时也是向竞争对手表明其交配权。

你敢去做吗

定地盘或打动雌性。然而，这些由自然因素驱动的打斗，与大众想象中的人兽拳击存在着巨大的差异。

在一段来自100多年前的电影片段（当时动物权利还没有被重视起来）中，男子正在与袋鼠一决高下，这些袋鼠的爪子上绑着专业的拳击手套。尽管国际动物福利组织做出诸多努力，呼吁不要这样对待袋鼠，但在一些地方依然有人举办袋鼠与人的拳击赛。然而在现实中，袋鼠大多是温顺且不爱惹事的动物——上一例袋鼠袭击人类致死的案件还是发生在1936年。

尽管如此，在野外偶尔撞上"狂躁"的袋鼠也不是不可能的。例如，2010年，慢跑者大卫·施特里格尔在堪培拉附近的安斯利山跑步时，就遭遇袋鼠从背后偷袭——他被一掌拍中后脑，力气大得足以让他晕过去。没有人知道袋鼠攻击的动机：可能是施特里格尔不经意间看向袋鼠的眼神不对，又或许是他侵入了袋鼠的地盘。

那么，如果你遭遇这种情况，如何才能全身而退？首先，尽量不要激怒动物。动物会被你惹恼一般出于以下三个原因：第一，它认为你威胁了它的领地；第二，它认为你是在觊觎其伴侣；第三，它怀疑你是在争夺其食物。

其次，注意袋鼠发出的信号：具有攻击性的袋鼠会站起身，拱背，然后拉紧肌肉。"拔草"也是经常用来恐吓对手的策略。对付入侵地盘的侵略者，袋鼠会出其不意地抓住对方喉咙，然后开始扭打。如果你发现以上任何迹象，那就得尝试缓和气氛。如果可能，请保持一定的距离，并在你和袋鼠之间设置障碍——即使是拿根大树枝也是有用的。慢慢撤退，但不要试图跑离袋鼠——当它追上你（并且它一定会的）时，你就肯定处于最易受攻击的状态。"投降"也可以避免争斗（即使这样做会削弱你的自尊心）：避免眼神接触，蹲下，并发出短暂的低吼来认输。

如果真的要来一场打斗，通过格斗击败袋鼠的概率并不大。在所有的袋鼠品种中，体格最大的是红袋鼠，高2米，重90千克。虽然袋鼠用前爪就可以给你猛烈一击，但它们强劲的后腿才最危险。它们会用尾巴来保持身子平衡，单脚踹向你的腹部，然后用锋利的爪子直取你的内脏。尽可能保护好你的脸和重要器官。或许你可以试试将身体转向一边，这样会使袋鼠的攻击目标变小。当然，更好的做法是缩成球状，并祈祷袋鼠由此感到无聊而转身回家。

来一场拳击赛 近日，作为一名严肃的流行音乐史评论员，前英国广播公司第一电台的节目主持人保罗·甘巴奇尼在英国更加出名了，原因是在1980年夏天，他在英国伊斯特本的一个马戏团里与一只袋鼠进行了一场拳击比赛——当然，结局和他想象的不大一样。

92 玩一次俄罗斯轮盘赌

这是什么? 让你身陷险境的游戏。

为什么你还不去做? 因为这是非法的，而且非常愚蠢，并且好运气从不会光顾蠢货。

将俄罗斯轮盘赌(Russian Roulette)称为"游戏"，就像将尼亚加拉大瀑布称为"小溪流"，或者是将长途跋涉至南极称作一次"提神醒脑的散步"。俄罗斯轮盘赌是一个没有赢家的游戏，所以如果你想试试，我们强烈建议你还是放弃，只读完这篇文章就好。

目前尚不清楚到底是谁发明了俄罗斯轮盘赌，但它的首次亮相是在 1937 年瑞士作家乔治·苏德兹的短篇小说里。因此有人认为，这个"残酷"的游戏就是苏德兹发明的。但苏德兹在小说中声称该游戏是第一次世界大战期间俄罗斯士兵在罗马尼亚时的"消遣手段"。作家格雷厄姆·格林也提到过，他曾在青年时期玩过这个游戏（如果格林先生没有瞎说，那这就发生在苏德兹写小说之前）。

多年来，这种致命的游戏发挥了它神奇的魅力——1954 年，蓝调明星约翰尼·埃斯在玩这个游戏时不幸身亡；1975 年，芬兰魔术师艾莫·莱卡斯在台上不小心"开枪自尽"；2012 年，极限篮球球员迪昂·麦斯在加利福尼亚的俄罗斯轮盘赌中"自杀"。

这个游戏到底该怎么玩？你需要 2 ~ 6 名参与者和一把带 6 个弹孔的左轮手枪。在一发弹槽里放一颗实弹。转盘是旋转的，所以没有人知道实弹的位置。接着玩家轮流将枪口对准他们的太阳穴并扣动扳机，如果开枪者没有死亡，就继续轮到下一个参与者。在一轮中，转盘仅旋转一次，这意味着游戏时间越长，你存活的概率就越小——如果其他人都幸存了下来，那么 6 号玩家就必死无疑。

该游戏在世界各地都是非法的，那些在比赛中死去的人也通常被归为自杀。曾有学术研究表明，俄罗斯轮盘赌的玩家基本上都受到了酒精或药物的影响，且大多数是不到 30 岁的男性。如果真的要像玩俄罗斯轮盘赌一样刺激一把，你不妨试试坚持在凌晨三点起来给前任发条短信，或是在 eBay 上乱买一通。

你敢去做吗

93 成为国际象棋大师

这是什么？ 在终极战术游戏里证明自己的实力。

为什么你还不去做？ 这种游戏让我们这种最聪明的人都煞费脑筋。

"大师"这一头衔由国际象棋比赛管理机构——世界国际象棋联合会（FIDE）颁发给世界最高水平的棋手。今天世界上约有 1000 名国际象棋大师——如果你想成为他们中的一员，那么你不仅需要天赋异禀，还要勤学苦练。

虽然"大师"这个术语早在 1907 年就开始使用了，但直到 1950 年，世界国际象棋联合会才首次正式点名 27 人为国际象棋大师。多年来，大师的资格标准历经多次修订，现代标准是以 1970 年威尔弗里德·多拉吉尔博士修改的版本为基础。要成为大师，你的 EIO 评级分数（一种基于统计学的评估棋手水平的方法）需超过 2500，并至少在 27 场有其他大师在场的比赛中达到两次"大师标准"。

假设你掌握了国际象棋的基础知识，甚至在与计算机对阵上也占据优势，那么当地的国际象棋俱乐部将使你更上一层楼。如果你想提高自己的国际象棋技巧，那么就去请一位参加过世界国际象棋联合会赛事且 EIO 分数在 1800 或更高的专业教练进行专门辅导。

提高技巧最好的方法就是学习，学习，再学习。你要沉浸在国际象棋中，并且尽可能多地和能与你相抗衡的对手下棋，因为从他们身上你能学到更多。与此同时，你也应该去看看别人在比赛时的表现，这同样能提高你的技术知识，也可借机熟悉你的潜在对手。

要成为大师，你需要成为全场的赢家——不论是开局、中局还是残局，你都要赢。在你漫长的职业生涯里，你会遇到成千上万种棋局，即使是其中一小部分，你也需要花很多时间来熟悉。例如，加里·卡斯帕罗夫是有史以来最伟大的棋手之一，据说他脑子里有大约 30 万种开局。

下棋不仅要有自己的节奏，还要分析对手的想法，二者同样重要。下国际象棋是打心理战，能够保持平静和镇定的人才会赢，惊慌总会导致失误。如果轮到你下，请你至少保持一张扑克脸——不要让不恰当的面部表情出卖了你！

94 走钢丝

走钢丝可以测试出你的平衡度、协调度以及恐高的程度。怪人似乎对走钢丝情有独钟——查尔斯·布隆丹也许是最著名的走钢丝表演者，他曾在尼亚加拉大瀑布上走钢丝的途中停下来做了一份煎蛋卷……

走钢丝主要分为三大类：

·松线，低张力线，表演者通常在上面练习平衡技巧或杂耍。

·紧线，高张力线，离地面相对较近，表演者在上面表演舞步和杂技。

·高线，经典的走钢丝，使用离地面至少6米的高张力线，表演者在上面表演杂技和其他特技。

如果你想尝试，那就一定要找专业人士来帮你培训，并确保自己身体状况良好。你可以先试试踩高跷，它和在低平衡木上行走有点像，可以很好地锻炼平衡力。在训练期间，要充分利用好安全带和安全网，并始终与协助救援的伙伴保持沟通。准备走上钢丝时，记得选择稍微宽松些的松线。刚开始时不要把高度设定得太高，距离地板几英寸就好——这样，跌落带来的痛苦也会小一些。在掌握"站定"技巧之前不要试图在钢丝上行走。许多人发现从钢丝的中间起步要比从钢丝的一端行走更容易。当你上了钢丝，要向前看，不要向下看。专注于通过臀部力量来保持平衡，用手臂保持稳定。手持撑杆有助于你保持平衡。当两腿站定时，重心放在后腿上，然后试着单脚站立，这个动作将让你的行动更加自由。

当你真正开始行走时，要保持自信。先走一小步，然后站定，直到你准备好了，再走下一步，时刻注意脚下的钢丝。当你掌握了行走的技巧时，尝试将身体重心由一只脚移到另一只（第二只脚与第一只脚呈直角状态），然后灵活地移动第一只脚。当你对自己的技术更加自信时，可以使绳索绷紧一些，并提升高度。如果你需要找找灵感，不妨看看《走钢丝的人》（Man On Wire），这是一部引人入胜的纪录片，记录了菲利普·帕蒂1974年在纽约世界贸易中心双子塔之间走钢丝的壮举。

95 驯狮

戴着高帽子，穿红色燕尾服，在马戏帐篷下鼎沸的人群面前转动椅子，挥舞皮鞭，狮子顺从地听其差遣——这是驯狮人的经典形象。事实上，有一段时间驯狮是一种相当明确的专业工作，而如今，驯狮则更多地指"（与狮子）建立起信任的纽带"。

第一个公认的驯狮人是法国的亨利·马丁，早在 19 世纪初期，他就已经开始从事这项职业了。马丁原本是一名驯马师，退役后，他心血来潮驯起了老虎和狮子。在某些方面，他是位颇为"先锋"的表演者，他会先花大量时间取得动物的信任，与它们建立非常亲密的关系，然后才教它们服从简单的指令。

不幸的是，这种训练方式后来逐渐演变为经典的"皮鞭和椅子"，尤其是像艾萨克·范·安布尔格（1833 年登台表演）和克莱德·贝蒂这样的美国人——二者在 20 世纪 30 年代将驯狮搬到了银幕上，他们更关心的是如何让狮子听话。据说，为了让动物们听话，范·安布尔格经常用撬棍"教训"动物，而贝蒂则用手枪来表演。

幸好在今天，这种方法已不再流行：动物的权利已经为人们所重视。如今，大多数从业者坚定地将自己定义为"训练员"而不是"驯兽师"。即便如此，仍有动物权利组织认为，这类表演在现代是不合理的。

狮子的爪子长达 7.5 厘米，单个爪子就可以包住人头——仅凭这个原因，它们就应该被待之以礼。虽然几乎所有参与表演的动物都是在被"囚禁"的状态下出生的，但这并不意味着它们就没有危险了。

"驯狮"表演成功的关键在于驯狮人和狮子长期建立起来的"感情联结"。你得有耐心和足够的投入，这并不是一蹴而就的。理论也并不总与实践相符，正如著名的希腊指挥家季米特里斯·米特罗普洛斯所说："我指挥乐队时从不用总谱，难道驯狮人会带着一本关于如何驯服狮子的书进笼子吗？"

虽然如此，花点时间去研究下动物也是值得的。不妨考虑学习下动物学、兽医学或相关课程，任何有助于你了解狮子生活和思考习惯的知识都是无价的。如果有时间，还可以经常去野生动物园做志愿服务，这能让你学会如何与动物更好地互动。

大猫，大猫看这儿 2010 年，在摩纳哥蒙特卡洛举行的第 34 届国际马戏节上，驯狮人小马丁·莱西在娱乐观众。这项艺术有着悠久的历史。这张照片可以追溯到 1890 年左右，从图中可以看到，表演者骄傲地站在狮群中央。

在"驯服"最开始的阶段，你应当与可以给予你建议和指导的老手合作。专业人士将指导你如何与狮子建立信任关系，直到你能安全地与狮子共处一地。毫无疑问，你不可能第一天就直接走进狮子的围栏里去——如果你真的这么做了，那就不用指望再走出来。一旦与狮子建立起亲密无间、和平共处的关系，你就可以开始思考要怎样进行表演了。除了不可预测的危险，训练狮子听从你的指示与训练其他动物并没有太大的不同——都是重复和强化的过程（通常以食物作为诱饵）。

如果你想让狮子在你手指的指点下进行顺时针旋转，那它需要知道这个动作是某种"提示"。你可以在狮子听从你的指令并转向了正确的方向后，给予它一定的食物奖励。最终狮子就会知道你的动作是提示它开始旋转，旋转完之后就会得到奖励。当然，与这些"凶残"的野生动物共事时，你必须时刻保持警惕。无论你的技巧有多么娴熟，驯狮总是危险的，一旦过于自信，只会让自己悔恨终身。即使是最好的驯狮人也可能身陷风险——德美双星齐格弗里德和罗伊组合（German - American duo Siegfried and Roy，也称白虎兄弟）是世界上最著名的狮子秀明星，他们的表演在拉斯维加斯的米高梅梦幻赌场酒店里备受欢迎。然而，2003 年，罗伊·霍恩（Roy Horn）在一场表演中被一只名叫"蒙特科"的老虎严重咬伤。为什么会发生这样的惨剧？这个问题至今还没有得到令人满意的回答——一种说法是，蒙特科当时其实想把滑倒在地的霍恩拉回到安全的地方。

这件事证明了即使是最训练有素的动物，在某种程度上，依然大有兽性，并且它们喜怒无常，行为也难以预测。当你与狮子合作时，一定要记住这一点。

你敢去做吗

96 水上漫步

这是什么? 让整个人都保持在水面之上。
为什么你还不去做? 这一行做得最好的基本都是神仙。

自从《福音故事》里描述了耶稣基督在水面上行走的神奇事迹，"水上行走"就几乎成了所有不可能之事的代名词。虽然互联网上充斥着各种人类违反物理定律穿越湖泊和河流的视频，但是它们都被证明只是骗局。但也不用绝望，只要是用上一点点科学知识，你也可以至少"看上去"打破了这种不可能……

长期以来，能够在水上行走的想法吸引着无数人。许多古典书籍和宗教文本中，对此也多有著述。列奥纳多·达·芬奇就曾画过一幅水上行走装置的草图，人类只要穿上该装置就可以在水面上如履平地。可悲的是，由于生理条件的限制，人类想要在不借助人工辅助的情况下在水上行走是不可能的——我们就是太沉了，且全身的重量都压在一双面积并不大的脚上，于是压力过大，在水面上我们只能下沉。

虽然话是这么说，但还是有动物能够在水上行走。其中，最有趣也最常见的是一种来自中美和南美地区的巴西里斯克蜥蜴，它的昵称就叫"耶稣蜥蜴"（Jesus lizard）。它们通过在水面上快速拍打腿部来避免身体被浸湿，同时这也提供了上升力并产生空气腔，该空气腔只要未闭合，蜥蜴就可以继续前行。通常情况下，巴西里斯克蜥蜴能在水面跑上好几米。为保持向前的动力，巴西里斯克蜥蜴的"行走频率"很快——每秒可走多达 20 步。人类要是想像它们一样，就需要大到足以触到耳朵的脚，这样才能够产生足够多的"拍打"。

虽然这一切可能听起来十分有趣，但在理论上可行的东西实践起来可不是那么回事。如果你真的必须这样做，那么记得带个游泳圈以防下沉以及最后务必洗个澡!

97 寻找圣杯

这是什么? 寻宝之旅的终极目标。

为什么你还不去做? 之前许多无畏的探险者都失败了。

几千年来，圣杯深深吸引着我们，从《亚瑟王传奇》（*The Legends of King Arthur*）到《达·芬奇密码》（*The Da Vinci Code*），无数英雄踏上了寻找圣杯之旅。尽管谁也不知道圣杯到底指的是什么，但依然有无数人前仆后继，为它献上自己的青春。奇怪的是，居然真的有很多人在不同的地方都声称找到了圣杯。

现在普遍认为圣杯传说是基督教文化和凯尔特人传统混合的产物，在法国人克雷蒂安·德·特鲁瓦于 12 世纪后期写成的史诗里初现雏形。这首史诗讲述了威尔士的骑士珀西瓦尔在神秘的渔王（Fisher King）城堡用餐时与圣杯不期而遇。圣杯里总会出现一块圣餐饼，奇迹般地为渔王病重的父亲提供食物。不久以后，罗伯特·德博隆进一步讲述了圣杯背后的故事。在他的故事里，圣杯里盛有耶稣被钉死在十字架上时所流下的血液，由亚利马太的约瑟收集。然后约瑟将圣杯送回英国以妥善保管，随后亚瑟王和他的骑士便出发寻找它。那么，就连圆桌骑士都失败了，你要怎么做才会成功呢？

首先，你需要想象出圣杯的样子。传统意义上，圣杯是一个容器（有人说是杯子，也有人说是盘子或碗），基督曾在"最后的晚餐"（The Last Supper）里使用过。到了近代，

一些人认为，圣杯更像是隐喻。例如《达·芬奇密码》中：抹大拉的玛利亚自己就是圣杯，在与耶稣结婚后接受了圣血。不论在你的想象中圣杯是什么样的，你的选择必须基于信念和直觉，而不是具体的证据。

大多数传说表明，真正的圣杯只能被聪明、英勇的人找到，所以假如你相信你是这一类人，那就赶快定下即将前往搜寻的地方吧。可供选择的圣杯包括：

· 安提阿圣杯（The Antioch Chalice）。

· 耶路撒冷圣杯（Jerusalem Chalice）。

· 热那亚圣杯（The Genoa Chalice）。

· 巴伦西亚圣杯（The Valencia Chalice）。

· 在苏格兰的罗斯林教堂（Rosslyn Chapel）之下，或是英格兰西南部萨默塞特（Somerset）的格拉斯顿伯里突岩（Glastonbury Tor）里，还埋藏着另一种传说中的圣杯。

98 表演印度魔绳术

这是什么？ 爬上悬在空中的绳子。

为什么你还不去做？ 与记载的不一样，这一神奇异常的魔术也许从来都没有人表演过。

至少在 14 世纪，前往东方的旅行者就已经带回来了大量类似印度魔绳术的故事，虽然在最早的报道里魔术用的是链条而不是绳子。然而，现在看来，所有关于该魔术的细节似乎都只能追溯到维多利亚时代末期一个记者的骗局，并没有证据能证明确实有人表演过魔绳术。

1890 年，记者约翰·埃尔伯特·威尔基在《芝加哥论坛报》（Chicago Tribune）一篇伪造的文章中第一次完整报道了印度魔绳术。尽管他随后承认这只是一个骗局，但是这个魔术激发了公众的想象力——1934 年，伦敦魔法圈慷慨出资 500 基尼（英国旧时金币名）奖励任何会表演这一"幻术"的人。

根据报道，魔术师在最开始先向观众展示一个大篮子，里面放着一条普通的绳子。接着他将绳子扔到空中，绳子竟神奇地垂悬在空中。一名年轻的助手开始攀爬绳索，越来越高，直到消失在人们的视线里。然后魔术师开始呼唤他的助手下来，但听不到任何回应，他开始变得愤怒，带着刀爬上绳子去追助手，不久之后，他也消失了。接下来是一阵令人毛骨悚然的尖叫声，助手的残肢像雨一样落下。魔术师回到地面后，绳子也瘫了下来。他收集起这些残肢并放在篮子里，用布盖住。魔术师一声令下，

助手再次出现，奇迹般地变成了完整的大活人。

这个魔术究竟是怎么完成的？有人认为它依靠的是某种悬浮技术，要么就是真正的"神力"，而其他人则认为这个魔术本质上是大规模催眠。怀疑论者认为这个魔术可能是在光线不好的情况下完成的，这样绳子就可以借着附近的柱子或树木立起来。但是，那个被肢解然后又复活的助手怎么解释呢？甚至有人认为魔术师在表演时使用了双胞胎演员，每次演出都牺牲其中一个！

最简单的答案是这个魔术根本就做不到，而且从来不存在完整的版本。但在 1995 年，德里贫民窟的居民伊斯拉姆丁·可汗在大庭广众之下表演了这个魔术，并录成视频。他让目击者确认魔术使用的绳索并无特别之处，然后将绳子抛向 6 米的高空，让一个年轻的观众攀登绳索。这个视频在网上已经被点击了几百万次，但人们依然无法对此做出合理的解释。

99 翼上行走

这是什么? 让人晕头转向的飞行特技。

为什么你还不去做? 虽然喜欢肾上腺素刺激的人能从中获得非凡体验,但这得花上多年时间来训练。

对于那些光是想象坐在一架大型喷气式飞机上就冷汗直冒的人而言,绑在机翼上,跟着飞机一起旋转俯冲,并做些特技动作——这简直要了他们的命。世界上还有比这个更疯狂的消遣吗?没有了吧。

人们普遍认为"翼上行走"这一艺术行为是一个叫奥莫尔·洛克利尔的美国人发明的,他在第一次世界大战期间参加了美国陆军航空勤务队。在那个老式双翼飞机仍然占据着主流的年代,机械故障在飞行中相当普遍。有时候飞机还在空中飞行,洛克利尔就需要从驾驶舱爬出去,攀登到机翼处去维修。渐渐地,越来越多的飞行员跟随着洛克利尔的步伐,将他们在机翼上的"互相推搡"变成了一种表演形式。20 世纪 20 年代,以机翼上的各种空中秀和巡回演出为核心,一个蓬勃发展的行业诞生了。

毫无疑问,这项"艺术"十分危险。成为好莱坞特技演员洛克利尔就在 1920 年的一次事故中死亡。后来的几十年里,这项表演受到严格监管,甚至在大西洋两岸被明令禁止。但如今,在各项安全标准的"保护"之下,你也可以试上一试。只要你做好万全准备、身体健康,那就可以赌一把,让自己成为天空中壮丽的一景。

降低你的期待——那些在机翼上上蹦下跳、咬紧牙关从这台飞机跳到那台飞机的日子已一去不复返了。现在的机翼行者会被安全带固定在机翼上,只有最厉害的人才能要耍花样,例如倒立。大多数参与者必须"定"在那里,然后摆些奇怪的姿势。

虽然翼上行走并不要求你和奥运选手一样身手敏捷,但你最好还是考虑一下身体条件。你的肌肉力量、平衡度、灵活性、敏捷性和协调性都需要达到一定程度,这样才能在机翼上操控自己——要知道飞机的飞行速度可以达到每小时约 160 千米。如果你患有某些疾病或身体某些部位曾经受过伤,那就不要勉强自己。翼上行走不适合那些患有癫痫、头部损伤、糖尿病、心脏病、精神疾病或是有成瘾问题的人。大多数公司也会对身高和体重进行严格限制。

尽管限制体重,但年龄绝对不是问题。2009 年,一名 9 岁、名叫泰格·布鲁尔的少年在机翼上"穿越"了英格兰格洛斯特郡。第二年,另一位英国人汤姆·雷基以 90 岁的高

你敢去做吗

崭露头角 一旦你被安全地送入空中，那么你就会获得许多额外的特技表演机会。艾尔·威尔逊成为第一个（似乎也是唯一一个）在飞机机翼上打高尔夫球的人。他生于1895年，是一名特技飞行员，在早期的一系列电影中都有出色的表演。不幸的是，1932年，威尔逊在一次空中表演时遇难身亡。

龄成为翼上行走有史以来最年迈的参与者。

为了确保安全，请务必与专业人士合作。有许多专业表演团队会提供相关培训课程，并检查你是否掌握了正确的技能以及装备了合适的设备。通常在升空之前，你会接受一场培训，在这期间你将学习一些基本知识，比如应如何使用相关设备和安全带，为与飞行员取得沟通你要学习哪些手语等。

千万别穿错了衣服——空中会非常冷，所以尽可能多穿几件宽松适度的衣服。选择平底系带鞋（请不要穿高跟鞋），买一些耳塞和护目镜，但不要戴首饰。

一旦你系上了安全带，那就赶紧在机翼上放松下背部，并准备开始体验前所未有的新奇感觉。在飞机做诸如"急速攀升"的动作时，你可能会感觉到面部扭曲。此外，不要太注意去控制表演细节，如果你有鼻涕要流，那肯定会流出来！忘了说，在空中会有些奇怪的昆虫卡在你的牙齿上，但请不要尖叫。如果天上下雨，你还可能会在高空中被冰粒"抽打"（通常这些冰粒在掉到地面之前就融化了）。最后，请做好嘴唇裂开的心理准备——可没有人说过翼上行走会让你看起来很漂亮。

100 逃离恶魔岛

这是什么? 也许是世界上最臭名昭著的监狱。

为什么你还不去做? 现在,你根本不会被关在那儿。

1934 年至 1963 年,在旧金山湾 2.5 千米外有一处小岛。这座小岛就是联邦监狱所在地,根据官方历史资料,从来没有人能成功从那里越狱。倘若监狱重新启用,而你又很不幸地发现自己被囚禁在那里,那最好是追随三个囚犯的脚步——在传说中,他们已经重获自由了。

阿尔卡特拉斯岛,也被称作恶魔岛,在联邦监狱落成之前,这里矗立着一座灯塔,它同时也是军事要塞和军事监狱所在地。其中最著名的犯人是艾尔·卡彭和罗伯特·富兰克林·斯特劳德。如今,从 33 号码头出发的渡轮载着安分守己的游客频繁往返于恶魔岛,你想什么时候去都没问题。

据悉,在 14 次越狱事件里总共约有 36 名囚犯曾试图逃出恶魔岛(可惜不包括 1996 年电影《石破天惊》里的肖恩·康纳利)。其中最暴力的一次是发生在 1946 年,这次越狱引发了持续两天的恶魔岛枪战(Battle of Alcatraz),其中有三个囚犯和两个看守死亡。

最"著名"的一次越狱发生在 1962 年 6 月。弗兰克·莫里斯以及两兄弟约翰·安格林和克拉伦斯·安格林成功地离开了岛屿,进入水中,从此杳无音信。

按照官方的说法,他们可能被卷入危险的湾流中而不幸身亡了。但在民间传说里,他们成功地游过了旧金山湾并改头换面,开始了全新的生活。无论他们的最终命运如何,他们的逃脱计划就是一个将聪明才智、耐心和恒心融为一体的经典案例——这一计划给予了克林特·伊斯特伍德不少灵感,让他创作出电影《逃脱恶魔岛》(Escape from Alcatraz)。除此之外,另一个更加著名的越狱故事——《肖申克的救赎》(The Shawshank Redemption)也从中汲取了灵感。如果想紧跟他们的步伐,那么你需要将以下几点熟记于心:

· 学会秘密制作工具。利用好手头上的任何东西——莫里斯和安格林兄弟就是用一角硬币焊接出了一个勺子,并用一个陈旧的真空吸尘器制作出一个钻子。这需要耐心和聪明才智——如果你打算越狱,那赶紧趁还没被关着,去夜校补补课吧。

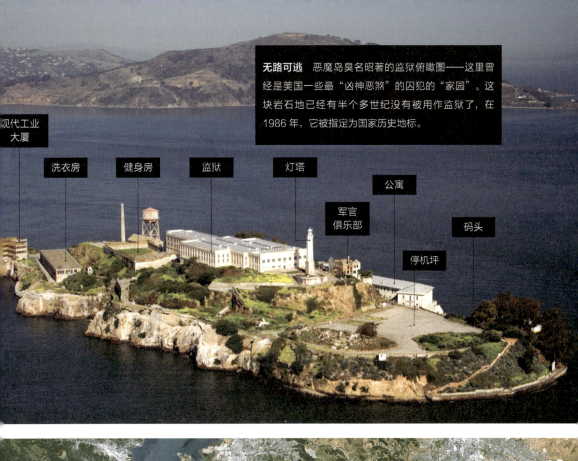

无路可逃 恶魔岛臭名昭著的监狱俯瞰图——这里曾经是美国一些最"凶神恶煞"的囚犯的"家园"。这块岩石地已经有半个多世纪没有被用作监狱了，在1986年，它被指定为国家历史地标。

现代工业大厦

洗衣房

健身房

监狱

灯塔

公寓

军官俱乐部

码头

停机坪

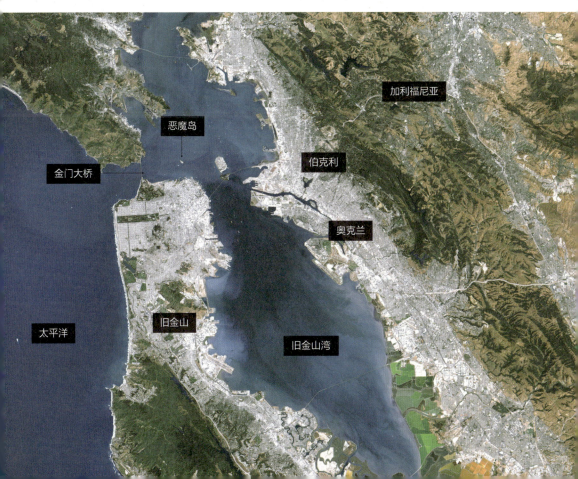

加利福尼亚

恶魔岛

金门大桥

伯克利

奥克兰

太平洋

旧金山

旧金山湾

·让自己分配到监狱适当的牢房里（单元B是个好选择），找到通风口，并开始用你所制作的工具刮掉保护格栅周围的混凝土。请一定要有耐心。工作可能会制造出噪声——1962年的越狱者选择在监狱的音乐时间里工作，这期间的手风琴声音很好地掩盖了越狱的准备工作。

·当你能够分离格栅时，将金属铆钉更换为使用肥皂制成的假货，以便你可以快速将其拆卸和更换而不会引起狱卒的疑心。

·准备一个纸做的假人，用从监狱理发师处偷来的头发做假人头发装扮好它，并将其放置在你的床上，这样才能瞒住所有路过的狱卒。

·到了约定好的时间，取出格栅，进入公用井道到达监狱屋顶。在进行下一步时要记得检查所有的越狱者是否已经到齐——莫里斯和

监狱内部　看一看恶魔岛上一间牢房的主廊。在此监狱中服刑时间最长的囚犯是令人毛骨悚然的艾尔文·卡皮斯，他是一个恶棍，也是民众的头号公敌。他因抢劫、绑架和谋杀而被指控入狱，并在这块岩石之地被监禁了26年。

安格林兄弟就忘记了这一点，他们留下了第四个队员，艾伦·韦斯特。这个可怜的犯人被困在了牢房里，只能继续面对音乐。

·从建筑物外围爬下，往东北海岸走。套上监狱雨衣，给自己做个木筏。

·拼命划桨并随时准备好下海游泳。假设你没有被淹死（或没有被巡逻的警卫射杀），那就尽快消失在旧金山的人群中，隐姓埋名。这次可一定要规规矩矩地生活了。

你敢去做吗